DRUG CONTROL

你不能不知道的那些事

禁毒百问百答

曲晓光 李庆安 – 主编　　夏晨 – 执行主编

北京日報出版社

图书在版编目(CIP)数据

你不能不知道的那些事：禁毒百问百答 / 曲晓光编著. -- 北京：北京日报出版社, 2017.12

ISBN 978-7-5477-2798-0

Ⅰ. ①你… Ⅱ. ①曲… Ⅲ. ①禁毒－中国－问题解答 Ⅳ. ①D669.8-44

中国版本图书馆CIP数据核字(2017)第205081号

你不能不知道的那些事：禁毒百问百答

出版发行：北京日报出版社
地　　址：北京市东城区东单三条 8-16 号东方广场东配楼四层
邮　　编：100005
电　　话：发行部：（010）65255876
　　　　　总编室：（010）65252135
印　　刷：北京市雅迪彩色印刷有限公司
经　　销：各地新华书店
版　　次：2017 年 12 月第 1 版
　　　　　2017 年 12 月第 1 次印刷
开　　本：880 毫米 ×1230 毫米　1/32
印　　张：7.25
字　　数：168 千字
定　　价：48.00 元

序

“我不抽烟、不喝酒，没见过吸毒者，我永不吸毒。”——有这样的觉悟，是不是就不会染毒了？

答案是否定的！

现在，我们就告诉你：你不能不知道的那些事。

“瘾君子”——一个绝不会声张的“隐君子”，他现在可能就在你身边，不经意间拉你下水。在从事禁毒工作的十余年里，我们发现大量非主动染毒的案例——或者误食了外包装为饮料、烟酒、糖果类的毒品，或者在朋友的怂恿下去某个地方“尝了一下鲜”，或者是因为不懂法涉毒……染毒成瘾后，很多人走上了以贩养吸或其他违法犯罪的道路。

有了意识却缺乏相关知识和防御能力，是越来越多人陷入毒品深渊的主因，也是毒品问题发展成为全球化问题的重要原因之一。据联合国毒品和犯罪问题办公室统计，全球有 170 多个国家和地区涉及毒品贩运问题，130 多个国家和地区存在毒品消费问题，2.5 亿人沾染毒品。世界范围毒品泛滥对中国构成重大威胁和严重影响。

在毒品问题全球化的背景下，我国滥用合成毒品人数已超过滥用传统毒品人数，35 岁以下青少年吸毒人数达到总吸毒人数的 59.3%，滥用新精神活性物质情况有所发现。据测算，目前我国每百人就可能有一名吸毒者。

由于合成毒品的隐蔽性、诱惑性、娱乐性更强，新精神活性物质的列管需要过程，这些因素使得毒品预防教育工作面临更严峻的形势和压力。近年来，国家禁毒委员会办公室按照《中共中央国务院关于加强禁毒工作的意见》，积极推进青少年毒品预防教育“6·27”工程。

探索如何利用青少年易于接受的方法和形式开展禁毒宣传教育，是摆在禁毒工作者面前的一个重要课题。

依托互联网大数据，将大数据转化成为社会服务的内容，助力禁毒事业，加强民众对毒品的理性认知，提升全民禁毒意识，降低涉毒风险，传播正能量，这正是网络对禁毒工作的最直接贡献，是互联网+禁毒行动的具体展现，也是此书创意的出发点。在编撰本书过程中，我们立足从内容和需求出发，利用互联网思维，参阅了大量资料，同时在连续3年与北京市互联网信息办公室、首都互联网协会、北京地区网站联合辟谣平台、禁毒教育高校公益联盟、百度等单位联合发布毒品问题搜索分析数据报告——“毒品十大热搜问题”、“戒毒与康复十大热搜问题”、“毒品易感人群搜索大数据分析报告”的基础上，通过网络调查形式搜集群众关注的热点毒品问题，精心筛选百余个社会关注度极高的问题，走访请教多位禁毒专家，同时借鉴“中国禁毒”微信、中国禁毒数字展览馆、中国禁毒网和其他新型媒体的内容展现形式，经认真编撰、锤炼，最终完成了本书的创作。

本书中，我们以案说知、以案讲法，大量采用媒体报道的真实案例；试图通过浅显易懂的解读，使广大群众获得权威、标准的问题答案，不断提高识毒、防毒和拒毒的意识、能力和水平，远离毒品、保护自己、健康生活。此书适用于基层社区、学校进行禁毒预防教育，也是禁毒宣传、培训和禁毒教育一堂课的实用参考书。

本书引用了大量的相关案例及研究成果。文尾也列出了参考文献。由于时间仓促和水平有限，书中难免出现一些问题与不足，或涉及一些没有标注的参考文献，敬请各位专家、学者、读者谅解。

感谢为本书出版给予支持和帮助的所有单位及个人。

目　录

第一章
基本概念篇

第二章 毒品危害篇

第三章 毒品防范篇

第四章 政策法规篇

1

第 一 章

Chapter 1

基本概念篇

1. 毒品在日常生活中容易接触到吗?

解释:

毒品离我们并不遥远，其实，它几乎就在我们身边。生活中最容易接触到毒品的地方是娱乐场所，如酒吧、夜总会等地点，这些地方都是年轻人喜欢光顾的，因此也成为青少年最容易接触毒品的场所。

娱乐场所是放松的地方，而这种放松通常是通过寻求某种刺激来完成的。一方面，一些新型毒品的贩卖者往往会借助于歌舞厅热烈的气氛向青少年推销毒品;另一方面，青少年在这种场合中，容易产生追求更强烈刺激的冲动，从而就会比较容易接受毒品。以摇头丸为例，其产生的效力，能够与蹦迪的疯狂动作结合起来，无论是从场面上和精神上，都容易让人处于极度的兴奋状态，尤其使处于这样场合中的青少年受到感染。

在这些娱乐场所中，常见的毒品是摇头丸、K 粉等。贩毒者为了诱人吸毒，手法隐蔽，有可能会在饮料里掺进毒品，或者第一次或者最初几次免费提供毒品。因此，不要在娱乐场所随便接过陌生人的饮料、酒和烟。如有可能，最好不要到这些娱乐场所消费。

另外，别以为“朋友”们的聚会是安全的。数据表明，很多人初次吸毒，都是在“朋友”的聚会上受所谓“朋友”的怂恿、诱惑。

案例:女生酒吧工作染毒瘾，用 K 粉款待朋友落法网

黄某原来是江西某职业技术学校的一名学生，2003 年大专毕业后，她怀着满腔热情，带着美好憧憬，来到了深圳。本来打算在深圳开创一片属于自己的天地，但由于在深圳人生地不熟，加之没有技术和高文凭，黄某遭到更多的是“拒绝”。“难道如此繁华的经济特区，

没有我的立足之地！”她不相信命运。在自己的努力下，黄某好不容易找到了一份在酒吧推销啤酒的工作。“这真是来之不易呀，我一定要好好做下去。”黄某暗暗下定决心。但很快，她就发现这个酒吧“不干净”——来这里喝酒的客人经常吸食K粉。知道这个情况后，黄某整天心里忐忑不安，但想着前一段时间自己在失业状态下的那种无助，招聘老板把自己的简历抛向一边的那种眼神，她硬着头皮留了下来。

为完成业绩沾染毒品

“先生，您要点什么啤酒呢？”一天，黄某笑容满面地向坐在酒吧角落里的一名男性顾客询问道。那名顾客斜卧在沙发里吸食着K粉，肥胖的身躯“铺满”了整张沙发。“嘿嘿，可以呀！”胖顾客用猥琐的眼光上下打量着黄某，“来、来、来，你也来点这个。”胖顾客把装好K粉的香烟递到黄某面前。“我，我，不，不。”黄某感觉很为难，“好！只要你抽了这支烟，我就买你三箱啤酒！”胖顾客显得十分豪爽。唉，这个月快过去一半了，额定销售量连三分之一都没有完成，就抽一支吧，反正又不是真抽。黄某心里琢磨着，半推半就地把胖顾客的香烟插进了嘴里。

从此，黄某发现K粉“是个好东西”，每次顾客塞给她一点，她都会“笑纳”。“而且，那个东西容易拉近关系。”通过吸食K粉，黄某认识了很多生意上的朋友，她的啤酒销售量也连月翻番。酒吧老板更是喜上眉梢，很快就把黄某提拔为业务经理，负责全店的啤酒销售。

“白马王子”竟是毒贩

吸食K粉，使黄某平步青云，同时也让她与K粉“难舍难分”。就这样，每个月黄某都要花费一笔不小的毒资，随着吸食量的增大，她觉得有点不堪重负。

2004 年 12 月的一天，酒吧来了一名英俊潇洒的年轻人。黄某非常职业地凑过去，端茶送水，陪酒上菜，把年轻人侍奉得很舒服。生性有点腼腆的年轻人敞开心扉和黄某聊开了：我姓董，今年 24 岁，湖北省荆门人，如今在深圳做生意。从他的穿着上看，这个年轻人应该“混得不错”。果然不出黄某所料，董某在离开时，甩给黄某 5 张百元大钞并说“不用找了”。

此后，董某隔三差五地来到酒吧，每次都和黄某聊得很投机。两人的感情也与日俱增。为了能够经常和黄某在一起，2005 年董某在深圳市罗湖区春风路的一家酒吧当上了销售经理，主要负责向顾客兜售毒品，当时，黄某并不知情。

2005 年 6 月一个浪漫的夜晚，黄某依偎在董某怀里说，“我们结婚吧。”黄某望着董某的眼睛深情地说道，董某显得有些吃惊，莫名的幸福感溢满了全身。很快，他们就走进了婚姻殿堂。同年年底，黄某生下了一个可爱的儿子。在怀孕期间，因怕吸毒会影响生育，黄某暂时停止了吸毒，等小孩出生后，她又开始吸。

发现丈夫是毒贩，规劝无效后不闻不问

黄某和董某关系确定后，两人便在春风路一个小区租了一套房子，开始了新的生活。很快，董某就发现黄某会吸毒。但对于黄某吸毒，董某显得很“大度”，从不批评妻子。董某在外面跑业务，每天早出晚归，具体做什么工作，黄某也不是很清楚。随着董某的生意越做越大，黄某对董某贩卖毒品的举动也有所察觉。“你是不是在贩毒？”面对妻子的追问，董某承认了贩卖毒品的事实。“你怎么能这样呢，贩卖毒品，抓到可是死罪的呀！”黄某有些恐惧，“你还是尽早收手吧，如果你出了什么事，我们娘俩可怎么活呀？”黄某简直是在哀求董某。“不行，其他的话我都可以听，这个却不行！”董某态度比较坚决，“要不，等我找到其他赚钱的生意后再收手吧！”

自从发现丈夫贩卖毒品之后，黄某多次劝说，希望丈夫不要继续趟那“浑水”，可董某就是不听，几次还因为这个事情和黄某吵了起来。心灰意冷的黄某决定不再过问丈夫的“生意”了。

虽然和黄某吵架，但是董某还是深爱着自己的妻子，很舍得为老婆花钱。2007 年 2 月，董某还为黄某买了一辆丰田花冠小轿车，说是为了方便黄某回老家看望父母。

用 K 粉“款待”朋友落入法网

（漫画作者：赖佳音）

2007 年春节，黄某回家探亲，直至 4 月 3 日晚才回到深圳。当时，与她一起去深圳的还有黄某的几个好朋友。4 日，黄某的妹夫出钱在深圳罗湖区新安路某酒店开了 4 间客房，把黄某的朋友安排在那里住宿。当日下午，董某来到酒店看望他们。看着黄某的朋友有些拘束，董某就扯着嗓子叫开了，“大家好好玩，我现在就打电话叫几个兄弟过来陪你们‘斗地主’。”

他们斗了2小时的“地主”之后，黄某的一个朋友说要去迪厅玩。怕他们玩得不刺激，黄某就跑去找丈夫，“老公，我的朋友好不容易来深圳一趟，你能不能给我弄2000元的K粉？”恰巧董某当时手头没有货，“我现在没有，要不我向兄弟们要点？”董某当即掏出手机给下家陈某打电话，叫他送2000元的K粉过来。

半小时后，陈某到达酒店楼下，董某让黄某下楼去拿货。于是，黄某带着几个朋友下楼去，准备拿到K粉直接去迪厅玩，可她没有想到，一张巨大的法网已向他们铺开，就在她与陈某见面时被民警抓获。民警上楼把董某“堵个正着”。针对自己吸毒的事实，黄某供认不讳。（本文摘编自“中国禁毒”微信，微信号：onncc626）

2. 你认识毒品吗？毒品有哪些特征？

解释：

毒品，广义上泛指可以对人体造成伤害的化学物质（特别是一些剧毒药物如KCN），在日常生活中也可以特指被人类当做嗜好品所滥用的功能性药物，多为精神药品或麻醉药品。因滥用这类药品会危害身心健康，所以中文称之为毒品。通常使用毒品只是为了产生身体或心理上的娱乐目的，而非用来作生理或心理治疗之用，因此西方称之为娱乐性药物。毒品通常具有成瘾性，随着使用时间的推移，身体对于药物的剂量需求也会不断增加。人在吸食毒品之后除了产生幻觉及可能会造成行为异常外，过量摄入毒品可能造成死亡。各国对使用毒品均制定相关法律进行严格管制。

法律上的毒品，是指鸦片、海洛因、甲基苯丙胺（冰毒）、吗啡、大麻、可卡因，以及国家规定管制的其他能够使人形成瘾癖的麻醉药品和精神药品。

毒品不仅对人体与身心有一定的危害作用，也会给社会与家庭带来很多危害。家庭中一旦出现了吸毒者，家便不成家了。吸毒者在自我毁灭的同时，也危害自己的家庭，使家庭陷入经济破产、亲属离散、甚至家破人亡的困难境地！同时，对社会生产力有巨大的破坏性，并扰乱社会治安，带给人们巨大的威胁，毒品活动造成环境恶化。

毒品带给人类的只有毁灭。旧中国，我们曾受鸦片的毒害，而被称为“东亚病夫”，使民穷财尽、国势险危。吸毒于国、于民、于己有百害而无一利！毒品摧毁的不但是人的肉体，也是人的意志。希望人们要积极宣传毒品的危害，自觉地与吸毒、贩毒等不法行为作斗争，珍爱生命，终身远离毒品，拒绝毒品！

“远离毒品，关爱未来”，对每一个人而言，这绝不仅仅是一句简单的口号。无论是出于主观还是客观，有些路，永远不能走；有的错，永远都不能犯！

（作者：何能）

毒品有如下几个特征：

依赖性、成瘾性、耐受性　依赖性或成瘾性是指由于重复使用某种药物而产生的心理依赖或身体依赖，或二者兼而有之的状态。心理依赖是指使用者在心理上强烈渴望吸毒以引起快感或避免不适感。毒品依赖性使吸毒者可以不顾个人健康和对家族、社会危害，千方百计、不计后果去获取药物。耐受性是指连续、反复吸毒使机体对原有计量的毒品变得不敏感而不得不增加药量。所有毒品均可产生耐受性。

危害性 危害性与成瘾性相联系，成瘾性导致毒品滥用者长期吸毒而造成他们体内慢性中毒，产生各种不良反应：体力衰弱、智力减退，甚至精神错乱、中毒死亡。毒品除对使用者个人的身体造成损害外，还降低了使用者的工作能力和在社会经济生活中的角色功能。更有甚者，使用者在毒品影响下，会使正常的理智与思维功能丧失，而可能导致各种异常行为如暴力行为的发生，扰乱社会治安，危害公共安全。

违法性 毒品的范围包括麻醉药品和精神药品，这两类物品都具有双重性：使用得当，可以缓解病痛，治疗疾病；使用不当或滥用，则使人产生药物依赖性，损害身体健康。为防止滥用这些药品，国家通过颁布法规，对这类药品的制造、运输、销售、使用以及原植物的种植，都作了严格的规定。

案例：吸毒者讲述吸毒瘾癖

一开始，也许是好奇；后来，你不开心时总会想起它；接着，你离不开它；最后，它成了你的屠宰者！

吸毒已经吸上瘾的我，如若每天没有足量的毒品让我定时吸食，毒瘾则会每天准时地在我身上发作起来。每天，叫醒我的不再是闹钟，而是毒瘾……面色惨白，全身昏软无力；大大的呵欠一个接一个地打；全身每一个毛孔都在止不住地冒着虚汗，冷得好像是寒冬腊月；鼻涕和眼泪止不住地在脸上流着、淌着，再不见昔日帅气的脸庞；心里面像是无数猫爪在抓心般地恐惧和悸怕；人变得莫名的焦虑与烦燥；手脚无论放在哪儿、怎么放，我都会有放错了位置的不适感；难受的感觉遍布了全身的每一个细胞；那种可怕的难受，每一秒钟都不离开你，揪着你的身体，攥着你的心！万蚁啮骨，万蛆吮血，万针刺心，万刃裂肤，万虫断筋……

就这样，你的身体忽冷忽热，交替之间一阵阵冷冷的虚汗从每一寸肌肤间冒了出来；头剧烈疼痛得仿佛就要裂了一般；你身上的每一个关节、每一寸骨头、每一块肌肉开始酸中带痛、痛中有酸地涨痛了起来；喉咙里面痒痒的难受，你抑止不住地剧烈咳嗽着；胃里面是阵阵的恶心与疼痛，你又止不住地想吐、想呕……

于是，没过多久，你整个人的身心和心智就在如此这般的毒瘾发作中，变得更加痛苦和不堪忍受起来。这种生不如死的难受，令你的心情也同时变得越来越焦虑与烦躁不安起来。

于是你想，“还不如去死掉算啦！”当然，在此之前你肯定已经想到过——“快去找毒品来吸吧！”矛盾的痛苦与痛苦的矛盾，同时在刺杀着你脆弱的神经！

但是，人总是贪生怕死的动物！更不要说是自杀了！就在你整个人几乎完全崩溃的那个临界点！那个特殊的时刻，你突然之间敢弃舍一切于不顾！唯一剩下的就是一个可怕的欲望：用最快、最快的时间把毒品找到，用最短、最短的时间把毒品吸进身体里去，全部吸到身体里去！然后，恶性循环……在清醒时刻，你也许会立下誓言，甚至不惜自残，而对自己发下的“我要戒毒！我坚决不再吸毒！我保证能把毒戒掉”的誓词与诺言，此时此刻，早就被毒瘾正在发作的自己忘得干干净净了！（本文摘编自“中国禁毒”微信，微信号：onncc626）

3. 毒品有哪些分类？

解释：

毒品种类很多，范围很广，分类方法也不尽相同。

从毒品的来源看，可分为天然毒品、半合成毒品和合成毒品三大类。天然毒品是直接从毒品原植物中提取的毒品，如鸦片。半合成毒品是由天然毒品与化学物质合成而得，如海洛因。合成毒品是完全用有机合成的方法制造，如苯丙胺类毒品。

从毒品对人中枢神经的作用看，可分为抑制剂、兴奋剂和致幻剂等。抑制剂能抑制中枢神经系统，具有镇静和放松作用，如鸦片类毒品。兴奋剂能刺激中枢神经系统，使人产生兴奋，如苯丙胺类毒品。致幻剂能使人产生幻觉，导致自我歪曲和思维分裂，如麦司卡林。

从毒品的自然属性看，可分为麻醉药品和精神药品。麻醉药品是指对中枢神经有麻醉作用，连续使用易产生身体依赖性的药品，如鸦片类。精神药品是指直接作用于中枢神经系统，使人兴奋或抑制，连续使用能产生依赖性的药品，如苯丙胺类。

从毒品流行的时间顺序看，可分为传统毒品、新型毒品、新精神活性物质。传统毒品一般指鸦片、海洛因等阿片类流行较早的毒品。合成毒品是相对传统毒品而言，主要指冰毒、摇头丸等人工化学合成的致幻剂、兴奋剂类毒品，在我国主要从上世纪末、本世纪初开始在歌舞娱乐场所中流行。

4. 毒品是怎么来的？

解释：

人类对后来成为毒品的原料的利用，几乎伴随了人类历史本身。

原始社会时，人类通过食用含尼古丁、可卡因等刺激性生物碱、带麻醉作用的植物来帮助自己忍受、克服艰苦的自然环境，后来人类逐渐开发出这些原植物的很多功用，如榨油、提神、镇痛、制药等。

鸦片传入中国，始于公元前 139 年张骞出使西域时。三国时名医华佗使用大麻和鸦片作为麻醉剂；在唐代，阿拉伯鸦片被称为“阿芙蓉”；公元 973 年北宋印行的《开宝本草》中，鸦片定名为罂粟。到明代为止，政府对于鸦片进口还是按药材类来征税的。

清代，英国向中国大量走私鸦片，导致白银外流、政府腐败、民众身心健康受到破坏，道光皇帝派林则徐查禁鸦片，鸦片战争爆发。

一战时期，一位德国科学家泽尔蒂尼将鸦片中的镇痛成分吗啡分离出来，用来救治战争中受伤的士兵。可悲的是，在镇痛的同时，也让很多伤兵得了吗啡依赖症。

后来，本来要合成止咳成分的德国化学家菲利克斯·霍夫曼意外之中合成了海洛因。就此毒品迅速传播开来，并且广泛严重地残害人类。

1919 年，日本科学家首次合成了甲基苯丙胺，也就是冰毒，作为抗疲劳剂在士兵中广为使用。战后，日本大量抛售库存冰毒，造成了世界上第一次冰毒大流行。从此毒品也开始进化为以化学合成为主的一类精神药品，也就是新型合成毒品。

5. 你能从吸毒者的状态区分出他（她）吸食的是传统毒品还是新型毒品吗？

解释：

传统毒品一般是指鸦片、海洛因等从毒品原植物中提取出来的半合成类毒品，新型毒品主要指人工化学合成的致幻剂、兴奋剂类毒品，是由国际禁毒公约和我国法律法规所规定管制的、直接作用于人的中枢神经系统，使人兴奋或抑制，连续使用能使人产生依赖性的一类精神药品。鸦片、海洛因等传统毒品对人体的作用主要表现为“镇痛”“镇静”，新型毒品对人体主要有兴奋、抑制或致幻的作用。

新型毒品大多为片剂或粉末，吸食者多采用口服或鼻吸式，具有较强的隐蔽性，而海洛因等传统毒品多采用吸烟式或注射等方法吸食滥用。

冰毒、摇头丸等新型毒品吸食者一般在吸食后会出现幻觉、极度的兴奋、抑郁等精神病症状，从而导致行为失控造成暴力犯罪，而海洛因等传统毒品吸食者一般是在吸食前犯罪，他们对毒品具有强烈的渴求，因此会为了获取毒资实施杀人、抢劫、盗窃等犯罪行为。

根据新型毒品的毒理学性质，可以将其分为四类：

第一类以中枢兴奋作用为主，代表物质是包括甲基苯丙胺（俗称冰毒）在内的苯丙胺类兴奋剂。

第二类是致幻剂，代表物质有麦角乙二胺（LSD）、麦司卡林和分离性麻醉剂（苯环利定和氯胺酮）。

第三类兼具兴奋和致幻作用，代表物质是二亚甲基双氧安非他明（MDMA，我国俗称摇头丸）。

第四类是一些以中枢抑制作用为主的物质，包括三唑仑、氟硝安定和 γ－羟丁酸等。

案例：情侣吸毒后裸奔闹事

2017 年 2 月，广西电视台曾经报道，梧州市一对情侣在酒店吸食了过量的毒品之后产生幻觉在酒店撒疯闹事。两人开始是从房间里出来在走廊上“裸奔”，然后女子又穿着内衣走出房间，走到另一间客房面前，误以为那是镜子，竟然对着房门梳妆打扮。最终，二人被民警带回派出所尿检。尿检结果显示，二人体内冰毒和K粉成分呈阳性。

6. 你了解新精神活性物质（NPS）吗?

解释：

《2016年中国毒品形势报告》显示，2016年国内制造走私新精神活性物质问题突出。据联合国毒品与犯罪问题办公室报告，全球已检测发现新精神活性物质九大类500余种，超过国际禁毒公约管制物质数量。中国已列管116种新精神活性物质。2016年，中国国家毒品实验室检测发现新精神活性物质涵盖合成大麻素类、卡西酮类、苯乙胺类、哌嗪类等除植物类外所有类别。合成大麻素类和卡西酮类包含的物质数量最多，生产滥用问题突出。新精神活性物质非法制造走私正在从“长三角”地区逐渐向其他地区扩展蔓延。

新精神活性物质（New Psychoactive Substance，以下简称NPS），又称“策划药”或“实验室毒品”，是不法分子为逃避打击而对管制毒品进行化学结构修饰得到的毒品类似物，具有与管制毒品相似或更强的兴奋、致幻、麻醉等效果。它是继传统毒品（如鸦片、海洛因、吗啡等），新型毒品/合成毒品（如冰毒、摇头丸、麻古等）后，流行全球的第三代毒品。

吸食NPS的效果与毒品一样，是物质作用于人体中枢神经引发兴奋、致幻等，大剂量服用与毒品无异。由于NPS变化多端，更新很快，绝大多数NPS并未被列管，其制造者、贩卖者相当于钻了法律的空子。法网恢恢，疏而不漏，随着列管目录的快速更新，他们最终还是逃不脱惩罚。

· 它对人体的危害 ·

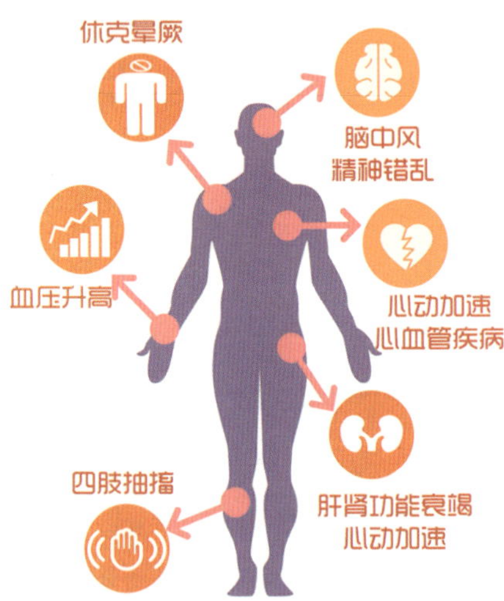

（漫画作者：何能）

目前，NPS 主要有下列七个类别：

合成大麻素类

• 该类物质主要是模拟天然大麻对人体的作用，其成瘾性和戒断症状也与天然大麻类似，长期吸食会导致心血管系统疾病及精神错乱，同时也存在致癌的风险。

卡西酮类

• 该类物质主要是卡西酮的衍生物，具有兴奋和致幻作用，过量或长期吸食会引起严重的大脑损伤，可能导致精神错乱、自残及暴力攻击他人的案例已有很多。

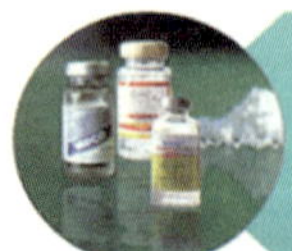

氯胺酮类

• 该物质在我国属于已列管的精神药物。

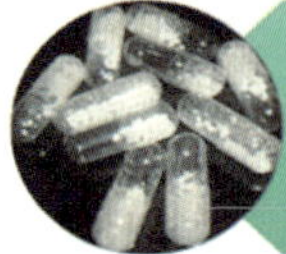

苯乙胺类

• 主要包括苯丙胺衍生物、二甲氧基苯乙胺衍生物两类。前者以类似冰毒的兴奋作用为主，后者能产生强烈的致幻作用，过量或长期吸食可导致大脑损伤和精神错乱。

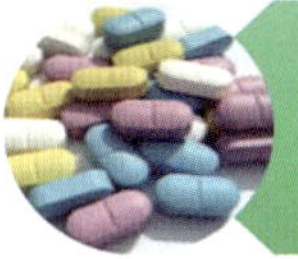

哌嗪类

- 该类物质一般为苯基哌嗪或苄基哌嗪的衍生物，具有类似于甲基苯丙胺和MDMA的兴奋和致幻作用，但效果较温和，持续时间也更长。

植物类

- 该类别包括恰特草、鼠尾草、帽蕊木等含有精神活性物质的植物。

其他

- 包括色胺类、氨基茚类、苯环己基胺类、镇静类等多个类别，分别具有致幻、兴奋、麻醉、镇静等作用。

面对 NPS 的迅速蔓延，世界各国都在不断更新列管毒品的种类。2015 年 10 月，我国实施《非药用类麻醉药品和精神药品列管办法》，一次性就增加了对 116 种“新精神活性物质”的管控。

虽然 NPS 被黑心毒贩们宣传为“无害”“不成瘾”，但事实上，其危害和合成毒品非常类似，它引起的反应以兴奋、致幻为主，它对人体的伤害也特别大，尤其是对神经、精神系统的损害比传统毒品还要严重。由于 NPS 会导致不可控的兴奋和冲动，极易引发暴力行为、性乱行为，前者会引发对不特定人群的暴力犯罪，后者则会导致性病、艾滋病等的感染传播，因此 NPS 会造成严重的社会问题和公共卫生问题。

NPS 和毒品对人类的伤害别无二致，但是，它最大的危害性表现在其传播过程中往往被伪装为无害、无成瘾性，造成其接触者——尤其是部分青少年——丧失警惕，不以毒品为毒品，这才是它最可怕的地方。“无害”的假象，导致很多人在好奇心驱动下做出尝试，以致其往往波及深广，对社会造成巨大危害。

图解三代毒品

什么是毒品

根据《中华人民共和国刑法》第357条规定，毒品是指鸦片、海洛因、甲基苯丙胺（冰毒）、吗啡、大麻、可卡因以及国家规定管制的其他能够使人形成瘾癖的麻醉药品和精神药品。

第三代毒品 是指新精神活性物质（NPS），这一代毒品在制造方法上也是化学合成的，但其具有与第二代毒品明显的区别。NPS的制造靶向性更强，可以突出某一种效果，同时最为显著的特征，是NPS在管制上有较大的问题。由于几乎可以无限制地合成类似物，所以NPS在管制上非常困难。现在国际社会普遍认为危害较大的NPS，包括：人工合成卡西酮，人工合成大麻素，色胺类毒品、苯乙胺、哌嗪等等。

第一代毒品 是指传统毒品，这一类毒品是早期人类从植物中进行提取或者简单化学提炼的毒品，主要以麻醉药品为主。例如鸦片、吗啡、海洛因、可卡因、大麻。这一类毒品发现时间和流行时间较早，所以称之为传统毒品。

第二代毒品 是指合成毒品，由于在时间上晚于传统毒品，以前也被称为新型毒品。这一代毒品的特点是，随着化学技术的进步，这一代毒品完全依靠人工化学合成，第二代毒品的毒性和效果都要明显大于传统毒品，同时由于化学合成，可以制造出作用非常明显的毒品。第二代毒品包括兴奋剂、抑制剂和致幻剂，其代表分别有苯丙胺类毒品、摇头丸；苯环己哌啶；麦角酸二乙酰胺，麦司卡林等等。

毒品已经成为全球性的灾难，毒品泛滥直接危害人民的身心健康，并给经济发展和社会进步带来巨大的威胁。

（作者：何能）

第三代毒品

新精神活性物质，又称“策划药”或“实验室毒品”，是不法分子为逃避打击而对管制毒品进行化学结构修饰得到的毒品类似物，具有与管制毒品相似甚至更强的兴奋、致幻、麻醉等效果。联合国毒品与犯罪问题办公室预测，该类物质将成为继传统毒品、合成毒品后全球流行的第三代毒品。

它的生产与销售

设计 大多数新精神活性物质是从欧美发达国家实验室中‘设计’出来的。

联络 毒贩通过互联网、电话等方式联络并下订单。

寻找 毒贩在其他国家寻找一些具有化工、医药知识的人员，为其生产新精神活性物质。

生产 一些企业因为本国管制差异而订单生产新精神活性物质。

运输 新精神活性物质生产出来后，通过邮寄等渠道输出生产国。

销售 大多数新精神活性物质的贩卖和消费地区主要在欧美发达国家。

（作者：何能）

（作者：何能）

（来源：中国禁毒微信）

7．冰毒为什么会成为新一代毒品之王？

案例：吸毒女吊死亲生幼女

3 岁的江苏南通小女孩晶晶（化名）看见母亲张某准备外出，蹦蹦跳跳地坐上妈妈的电动自行车，她没注意母亲脸上透着阴森恐怖的神情。一小时之后，这位狠毒的母亲残忍地用绳子将亲生女儿吊死在一间荒废老房子旁边的鸡棚横梁上。随后，她若无其事地骑车独自一人回到了家中。

晶晶至死也想不明白，为什么妈妈这么不喜欢自己，给予自己生命却又亲手夺去。她不知道，在母亲看来，她的出生就是一个错误，爸爸在她一岁的时候因犯贩卖毒品罪锒铛入狱，亲戚们也不与她们来往，而母亲将一切归罪于女儿，是女儿给家庭带来噩运，她是恶魔、是天煞。2014 年 8 月 11 日下午 3 点，这位母亲与晶晶外婆因一些生活琐事发生激烈争执，心情激愤，联想此前种种事端，她将凶狠恶毒的目光投向女儿。在满脑子的消灭恶魔的念头下，她伸出了毒手，做出人神共愤、丧尽天良之事。

后经司法鉴定，张某罹患甲基安非他明所致的精神障碍，系其故意放纵自己长期吸食毒品所致。

甲基安非他明所致的精神障碍又称甲基苯丙胺精神病，简单来说是因为长期吸毒导致的精神病，也可以通俗的说这人“发疯了”“发癫”“精神失常”“神经病”，吸毒者之间称之为“岔道”。甲基苯丙胺也就是毒品界的新一代毒品之王——冰毒。（来源：中国禁毒微信）

解释：

2015 年，我国共查处有吸毒行为人员 106.2 万人次，其中滥用冰毒等苯丙胺人员占 73.2%。冰毒危害日益凸显。

冰毒，即甲基苯丙胺或甲基安非他明（英语：Methamphetamine）的盐酸盐或硫酸盐，微带苦味，呈白色或无色，为结晶体或粉末状，易溶于水，是一种人工合成的兴奋剂。甲基苯丙胺可使机体产生强烈快感，并具成瘾性。甲基苯丙胺是一种高度心理上瘾的毒品，对于上瘾的人来说，在精神上和社会交际上放弃使用很难。对于大多数上瘾的人来说，再次复发是很常见的。

冰毒有兴奋中枢神经，具有欣快、警觉及抑制食欲之作用，重复使用会成瘾；中毒症状包括多话、头痛、错乱、高烧、血压上升、盗汗、瞳孔放大、食欲丧失。大剂量使用引起精神错乱，思想障碍，类似妄想性精神分裂症，多疑、幻听、被害妄想等；长期使用导致器官性脑症候群。有高血压及脑中风之危险。停用之脱瘾症状包括精神呆滞 、昏睡、易怒、烦躁不安、忧虑，有自杀的倾向。

冰毒滥用者会处于强烈兴奋状态，表现为：不吃不睡、活动过度、情感冲动、不讲道理、偏执狂、妄想、幻觉和暴力倾向。苯丙胺使用过量会产生急性中毒，通常表现为不安、头昏、震颤、腱反射亢进、话多、易激怒、烦躁、偏执性幻觉或惊恐状态，有的会产生自杀或杀人倾向。可出现心血管病症状如头痛、寒战、面色苍白或发赤、心悸、心律不齐、心绞痛、血压升高、血压降低或循环性虚脱；还可出现肠胃功能障碍如口干、口中有金属味道、厌食、恶心、呕吐、腹泻、腹部绞痛；严重的可产生惊厥、脑出血、昏迷致死。慢性中毒可造成体重减轻和精神异常（即苯丙胺精神病，或称妄想障碍，出现幻觉、妄想状态，酷似偏执性精神分裂症）。

过量的使用冰毒可导致急性中毒。严重者出现精神混乱、性欲亢奋、焦虑、烦躁、幻觉状态。长期滥用可造成慢性中毒、体重下降、消瘦、溃疡、脓肿、指甲脆化和夜间磨牙。静脉注射方式滥用者可引起各种感染合并症，包括肝炎、细菌性心内膜炎、败血症和艾滋病等。高剂量或重复使用“冰”可产生中毒性精神病，表现有被害妄想、幻觉，多为幻视，也可能出现听幻觉和触幻觉。现代医学称之为苯丙胺精神病。毒品的耐受性随长期使用而增加，对于未产生耐受的人，使用苯丙胺 30 毫克便会引起中毒。有报道称，长期滥用者，为了达到初期使用时的欣快效应，竟将剂量增至2000毫克，这极易引起急性中毒，可造成惊厥、昏迷，甚至死亡。

8. 你了解摇头丸和麻古吗？你能区分出它们吗？

解释：

“摇头丸”是安非他明类衍生物，是亚甲二氧基甲基苯丙胺的片剂，属中枢神经兴奋剂，是我国规定管制的精神药品，也是毒品的一种。现在的摇头丸做得像糖片一样，你可千万别误食了！“摇头丸”具有很强的欺骗性，大多是椭圆形的药片，颜色和图案分别为：咖啡色的“丁丁”、苹果绿色的“cu”、粉红色的“p”，其他的图案还有人的笑脸，颜色还有白色、黄色、桔红色。

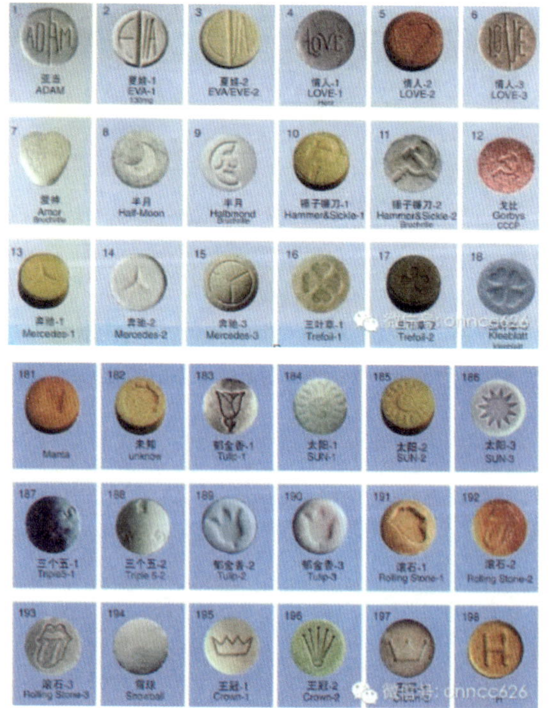

服食短时间内无明显的成瘾迹象，只有到了特定的场所如迪斯科舞厅才有服食的欲望，表现出很强的心理依赖性，因此给人一种服食后不会上瘾的错觉。但所有的危险是在背后，经常性吃会成瘾的，服用摇头丸后死亡的病例层出不穷，屡见不鲜。

服用摇头丸后的症状："摇头丸"具有强烈的中枢神经兴奋作用，服用后表现为情感冲动、兴奋异常、自我约束力下降、听到音乐后摇头不止，并有迷幻感觉和暴力倾向。使用数次即可成瘾，轻者出现头晕、乏力、体重减轻、失眠、恶心等症状。长期服用除导致精神分裂外，还可能导致死亡。目前黑市上还出现摇脚丸、摇臀丸等毒品。

摇头丸的危害："摇头丸"是冰毒的衍生物，是一种软性毒品，科学实验证明，摇头丸对人体的危害是不容置疑的。研究药物依赖的专家发现吃过摇头丸后，一天之内服用者会厌食，但体力却异常充沛，精神兴奋，情感冲动，嗜舞，是非判断出现障碍，自我约束力下降并且会产生幻觉和性冲动，出现暴力倾向等。连续滥用 1-2 周后，服用者就会出现浑身乏力、记忆缺损、失眠等症状，甚至会精神错乱。有的出现睁眼时看到的物体或闪烁发光或摆动摇曳，不少人出现咬牙或磨牙动作，并伴有恶心、头昏、走路不稳、心动过速等症状。即使不再服用摇头丸，这种情况也将持续数周之久，更为严重的是如过量服用可能会导致死亡。

青少年正处于长身体、长知识、人生观形成的关键时期。如果在这一阶段沾染上毒品摇头丸，大脑和中枢神经系统受到损害，就会造成注意力不集中，反应迟钝、失眠、暴躁，经常服用会对摇头丸产生强烈的心理依赖性，精神萎靡不振，丧失理想，无心学习。毒品不仅摧残身体还毒化心灵，不利于青少年的健康成长。

麻古也称麻谷、谷子、麻果，系毒品的一种，属于冰毒的加工品。名称来自该毒品的泰语音译。其主要成分为甲基苯丙胺（冰毒）、咖啡因等。多为药片状，多添加了色素香料，有不同颜色和香味。麻古一般是用制造冰毒的废料制作。

“麻古”毒品均为圆形、片剂，黄连素药片大小，与摇头丸相似，通常呈玫瑰红、橘红、苹果绿等色，添加色素香料呈不同颜色和香味，上面印有“R”“WY”“66”“888”等标记。此种毒品直接作用于人的中枢神经系统，具有迷幻作用，含毒性，吸食后呈现健谈、性欲亢奋等生理上的反应，心脏有问题的人服用后可导致休克或突然死亡。

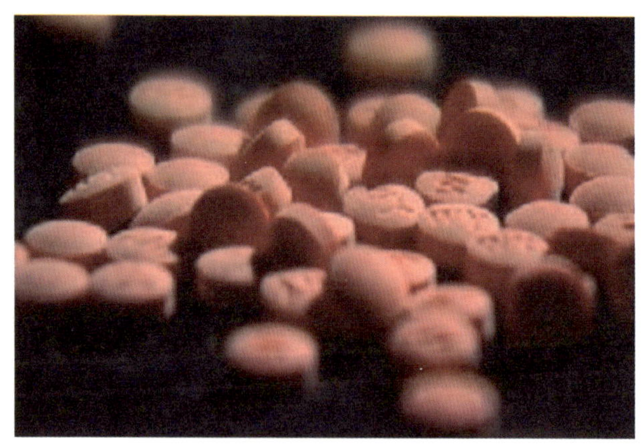

麻古实物图

麻古的危害包括：

1. 成瘾性：麻古具有很强的成瘾性，使人体产生强烈的身体依赖和精神依赖。

身体依赖：毒品作用于人体，使人体体能产生适应性改变，形成在药物作用下的新的平衡状态。一旦停掉药物，生理功能就会发生紊乱，出现一系列严重反应，称为戒断反应，使人感到非常痛苦。用药者为了避免戒断反应，就必须定时用药，并且不断加剂量，使吸毒者终日离不开毒品。

精神依赖：毒品进入人体后作用于人的神经系统，使吸毒者出现一种渴求用药的强烈欲望，驱使吸毒者不顾一切地寻求和使用毒品。一旦出现精神依赖后，即使经过脱毒治疗，在急性期戒断反应基本控制后，要完全康复原有生理机能往往需要数月的时间。

2. 催情作用：催情是麻古的功效之一，麻古的催情作用是目前同类毒品中见效最快、持续时间最长的。吸食麻古后，会变得性欲高涨，羞耻心尽失，会自行脱去衣服或任人抚摸都毫不介意，进一步即有可能被别有用心的人性侵犯。一名女犯人说，吃了麻古后只想脱光衣服运动，只想和别人做爱，无法控制自己。

3. 迷幻作用：麻古直接作用于人的中枢神经系统，具有迷幻作用，含毒性，吸食后呈现健谈、性欲亢奋等生理上的反应，心脏有问题的人服用后可导致休克或突然死亡。

更加可怕的是，从警方目前掌握的情况看，吸食此药能够使吸食者将自己的秘密和隐私通过交谈等方式随意告诉他人，并促使吸食者受人支配、出现狂想等症状，极易被犯罪分子利用，其危害不堪设想。因此该药又被俗称为“唠嗑药”“抢劫药”“强奸药”。

4. 毒性作用：麻古的毒性作用是指用药剂量过大或用药时间过长引起的对身体的一种有害作用，通常伴有机体的功能失调和组织病理变化。中毒主要特征有：嗜睡、感觉迟钝、运动失调、幻觉、妄想、定向障碍等。

5. 致精神障碍：吸毒者在长期用药后或一次使用后出现精神障碍，其症状表现与偏执型精神分裂症相似。患者在意识清晰的状态下出现错觉或者幻觉。错觉或者幻觉导致滥用者感到不安，出现被幻听内容表现为侮辱性语言。其症状表现为：敏感、多疑，逐步发展为援引观念，偏执观念，被害妄想或者夸大妄想，并伴有相应的情感反应，在妄想的支配下可能出现暴力倾向，伤人或者自残等行为。

6. 欺骗性：相对于传统毒品，新型毒品麻古的欺骗性更大，麻古的身体依赖性没有那么强烈，并且供货渠道更为广泛，很多人认为麻古并不会上瘾，并不认为麻古是毒品，反而认为吸食麻古是一件很潮、很有范的事情，因而放松了对麻古的警惕。此种毒品直接作用于人的中枢神经系统，有迷幻作用，含毒性，吸食后呈现健谈、性欲亢进等生理上的反应，甚至容易将隐私说出，故俗称“强奸药”“唠嗑药”“抢劫药”等，心脏有问题者服用后可导致休克或突然死亡。成瘾性很强，对社会造成很大危害。使用这类毒品往往使用特制烟壶将其雾化以供吸食，俗称溜果子。

摇头丸与麻古有着极为相似的外观，都是片状药剂或者颗粒状，颜色通常为红色、绿色等鲜艳色彩，通常上面还印有各种符号或者字体。普通人基本上很难区别到底是摇头丸还是麻古。

但仔细观察，我们仍旧能够发现摇头丸和麻古的一些外在区别。麻古以红色药剂片状居多，通常印有“wy”等字样，由于掺杂了香精，同时伴有浓重香味。而摇头丸的颜色很多，通常印有“888”、几何图形等图案。

此外，我们也可以通过吸毒者的反应来区分摇头丸和麻古。最明显的区别就是吸食摇头丸会随音乐不知疲倦地疯狂摇头，人会变得非常冲动。麻古吸食者最明显的区别就是对性变得非常随意，可以接受任何陌生人的性要求。

案例：少女被陌生男子“下药”后暴毙

2014年10月20日晚上10时许，湖南岳阳女孩李某走完了短暂的17年人生。9月30日她从长沙来到东莞，10月20日凌晨6时，这个身材修长的漂亮女孩，在东城一家夜宵排档，被同桌的4名男子带走，整整10个小时后回到出租屋已神志不清，浑身多处淤青，送医后查出曾吸食摇头丸，两小时后不治身亡。

在李某被陌生男子带走并“失联”10小时后，终于回到位于东城的出租屋。“我不知道是谁带她回来的，整个人疯疯癫癫。”听到拍门声，李某的室友冯某打开门发现李某非常亢奋，“腿上手臂上脖子上都是淤青，整个人神志不清，到外面找了一把扫帚，进屋就打，说满屋都是蛇和老鼠。”那天下午，冯某大概记得李某至少洗了20几次澡，“后来里面什么也不穿，披着一条浴巾又跑到外面去找扫帚打老鼠。”

随后，冯某叫来李某上班地的老板罗某。罗总说“应该是被人‘下了药’，赶紧送医院。”冯某和一名男同事，架着李某前往医院就诊。诊断结果证明，李某在过去48小时之内吸食了摇头丸。

“医生开了一些药，建议在医院观察，但是她说自己没吸毒，不愿意就诊，只好回去。”在回去的路上，李某一个劲地跟冯某讲，“出租车上都是蛇和老鼠”，他们只好步行回家，那时候已经晚上9点30分，“她喊口渴，我喂了几口水给她，她终于睡倒在床上，稍微安静下来。”不久，冯某听到李某的喉咙发出“呃”的一声，然后就没有了气息。120急救车赶到后，医生证实李某死亡。（本文摘编自中国禁毒微信）

9. 毒品快克可卡因（古柯碱）是什么毒品？

解释：

可卡因是从一种有悠久历史的植物树叶中提出的生物碱，这种植物主要生长在南美安第斯山脉，即古柯类植物。成品可卡因是一种粉状的白色晶体，是一种中枢兴奋剂，那么“快克”又是指什么呢，其实就是一种高纯度的可卡因，属于可卡因中的精制品。“快克”全名可卡因快克又名克勒克（crack），其纯度达 70% ~ 90%，加热时会发出特殊的劈拍响声，故定名为“crack”（劈拍响）。快克可以像海洛因或冰毒一样，经熏烤成烟雾后抽吸滥用，可卡因却不行。

大剂量服用可卡因会产生令人难以置信的荒诞行为和可怕举动，出现无目的的刻板动作甚至精神病表现，过分兴奋激动，健忘，失去自我控制，周身颤抖、痉挛，肌肉扭曲、变形，乃至整个神经系统抑制，导致呼吸衰竭而死亡。

可卡因作用于中枢神经系统，兴奋大脑皮层，而后再由皮层过度兴奋转为抑制状态。使用者会立即产生一种高度欣快、兴奋、自足的感觉，药效达 30 分钟左右，使用者可以毫无倦意地从事长久、紧张的脑力和强力劳动。当这些感觉慢慢消退时，会经历一个相对应的低潮，出现烦躁不安、精神恍惚、严重的抑郁，以及便秘、痉挛、恶心等症状，迫使吸毒者极想重复使用并增大剂量，恢复欣快感。吸食的剂量和次数会不断增加，耐受性发展非常迅速，一般几周便可形成瘾癖，产生极强的生理、心理依赖性，有的甚至发展到一天到晚不停地用药。

“快克”后的反应与可卡因基本相同，但抽吸后“上冲”的感觉较可卡因来得更快、更强烈，成瘾所需时间更短，个体对于“快克”的渴求程度也更强。由于“快克”中可卡因含量很高，所以它是一种十分危险的毒品，一小支“快克”即可使人“快乐”近半个小时。抽吸“快克”在10秒钟内即可产生冲头的快感，然而这种体验持续时间较短，毒品的作用稍有减弱时，滥用者就必须立即再次抽吸，以消除由于毒品作用减弱而带来的极度不适。因此，“快克”的滥用方式常常是“狂吸”，即持续24小时不断地抽吸，直至财力、毒品或体力耗完为止。

可卡因对身体各器官危害巨大，特别是对神经、呼吸、心脏、血管、免疫系统都会有不同程度的损害。

神经系统：可卡因刺激中枢神经系统，使人迅速获得欣快感，从而情绪表现得精神十足。这种欣快感与情绪是取决于血药浓度的上升还是下降，而可卡因正是破坏了这种正常身体机制平衡调节，使得神经系统受到损害，丧失原有的功能。可卡因还可致惊厥，可诱发癫痫病的发作，重复使用可引起癫痫慢性化，想像一下癫痫病患者发作的样子，一旦抢救不及时就会猝死。另外可卡因在滥用期间，还可引起脑内出血、抽搐、持续性或机械性重复动作、共济失调和步态异常。

心血管系统：可卡因会改变和增加心脏病的机率，会引起心律失常、心动过缓、室性前期收缩、室性心动过速、室颤及心肌收缩不全、血压升高等疾病。也就是会让你的心脏跳动不正常，然后血压就会出现异常，血压异常就有可能出现自发性出血或脑血管意外。

呼吸系统：鼻吸可卡因容易形成鼻腔溃疡、嗅觉丧失、鼻黏膜萎缩出血、鼻中隔穿孔等疾病，这是由于可卡因被鼻黏膜吸收后，其有刺激性以及对血管有收缩作用。可卡因通过呼吸中枢系统，会引发多种疾病并发，如呼吸困难、肺泡出血、咯血、咳嗽、发热、肺水肿、肺哮喘、间质性肺炎 / 纤维化、肺淤血 / 出血及呼吸道损伤、气胸等。

对性功能的影响：可卡因吸食后，即使没有性器官的刺激也可诱发性兴奋甚至自发射精，因此许多人认为可卡因可以提高性欲，频繁滥用后进行疯狂性行为。然而严重成瘾后，他们发现性交的快感已经不是他们的重点，转而是对可卡因的渴望，这是由于这种外部刺激的性兴奋作用提升了耐受性。久而久之，吸食者出现各种性功能障碍，主要包括男性丧失性趣、性无能，女性月经失调、泌乳、停经、无性兴奋感觉和不孕。

免疫系统：可卡因可注射吸食，又有性兴奋作用，容易通过共用注射器以及滥交感染传染病而损伤免疫系统，从而削弱身体对外部病毒的抵抗能力。吸食可卡因群体极易感染和传播乙肝病毒、肝炎、性病（特别是梅毒）、艾滋病等传染性疾病。

对妊娠及胎儿的影响：女性吸食者怀孕容易流产、腹中胎儿有可能神经系统发育缺陷、生长迟缓、胎盘损伤和早剥。最为主要的是有很大机率生出“毒品宝宝”，即新生儿药物戒断综合症，危及婴儿生命。

精神障碍：一般见于注射吸食者，服用后会出现各种精神异常，如幻视、幻觉，狂躁不安，丧失理智，偏执狂、欣快、抑郁甚至精神错乱，使人严重颓废，痛恨自我。

重度成瘾会出现警觉过度（时刻怀疑有人要谋害自己），类似精神分裂症的疑心和关系妄想。同时还伴有不同程度的刻板动作，固定妄想，自知力丧失，缺乏日常刺激的欣快感或感情迟钝；社交能力下降，人际关系敏感，焦虑、紧张或愤怒，判断力下降，给人的感觉神经兮兮的样子。

人格障碍：这是吸毒人员的通病，都有边缘人格障碍，通过毒品诱发过度愤怒和暴力行为。

其他不良反应：可卡因滥用可以通过不同的滥用途径引起特异性的不良反应。例如高催乳素血症，可能与可卡因干扰多巴胺对催乳分泌的抑制作用；体重下降，横纹肌溶解症；抽吸可卡因可引起肠道缺血、肠道血管痉挛；静脉注射可引起细菌性或病毒性心内膜炎、蜂窝组织炎、脑炎、脑血肿、败血病、动脉栓塞、肾梗死和血栓性静脉炎、可卡因斑痕、角膜炎、拇指牙齿损伤等。各种途径的可卡因滥用均可引起猝死。

急性过量中毒：急性中毒一般出现在戒毒一段时间后的首次复吸，过量吸食中毒致死则是一些没有经验的青少年首次吸食。过量中毒主要表现为心动过速或心动过缓、瞳孔扩张、高血压和低血压、出汗或寒颤、恶心或呕吐、体重减轻、精神运动性激越或迟缓、意识错乱、癫痫发作、运动障碍、肌张力障碍或昏迷。

滥用可卡因导致死亡的主要原因是呼吸抑制、心律失常、心功能衰竭、高热、酸中毒和癫痫发作。最毒的是毒贩为了利润，会在可卡因中添加其他化学物质，引发吸毒者死亡。

10. 什么毒品可以使人对周围环境失去警觉?

解释：

新型毒品的一个特点是使人致幻、兴奋，所以很多新型毒品都可以使人对周围危险的环境失去警觉，其中，尤以 K 粉为代表。

K 粉即氯胺酮(Ketamine)，俗称K仔、K他命、克他命、恺他命。在我国，氯胺酮按第一类精神药品管理，氯胺酮料药只由国家药品监督管理局指定药品生产企业定点生产。在医学上，氯胺酮是一种短效的麻醉剂，在各种小手术或诊断操作时，可单独使用本产品进行麻醉。

也可以作为其他全身麻醉的诱导剂，辅助麻醉性能较弱的麻醉剂，或与其他全身或局部麻醉复合使用。

短期滥用后果：引起幻觉，昏睡，呕心，抑郁，抑制呼吸。

长期滥用后果：可使人记忆力衰退及认知能力障碍，会导致心功能受损害，亦可给人带来躯体和心理依赖，并会因出现幻觉而伤及自己或他人。

过量施用氯胺酮会产生分离性幻觉，致后遗症及脑部永久损害。氯胺酮曾在世界各地的夜店，如舞厅、卡拉 OK 厅、派对场所内被人使用，使用后会使人对周围环境失去警觉性。

过量施用 K 他命会破坏膀胱黏膜，可能导致膀胱缩小。患者会因此极度频尿（一天 30 至 50 次），有些甚至排尿时剧痛，生活受影响，甚至“拉 K 一时，尿布一世”。

案例：男子吸食 K 粉砍杀养祖父母

2013 年 8 月 12 日零时，福建泉州男子王某在家中吸食“K 粉”后，拿出一把双刃长剑到其养祖父母的卧室，持剑朝两位老人头部、胸部、腹部等处乱砍乱刺，导致两人当场死亡。随后，王祖文又持剑追砍闻讯前来的养父，导致其轻伤。该案经泉州中级法院一审、福建高级法

院终审，经最高人民法院死刑复核裁定，以故意杀人罪、故意伤害罪决定对其执行死刑。（资料来源：新华网）

11. 纽约时代广场撞人事件肇事者吸食了什么毒品？

案例 1：纽约时代广场撞人事件

美国东部时间 2017 年 5 月 18 日上午 11：54，一名男子驾驶本田汽车从纽约时代广场曼哈顿 42 街和七大道交界处沿人行道高速行驶，横冲直撞，行驶 3 个街区，在 45 街撞上路桩后停车，其间撞伤 22 名行人，并造成 1 名年轻女性死亡。肇事司机冲撞行人后试图逃走，但被 5 名路人制服，将其牢牢按在地上，直到警察到达现场。

驾车男子名叫理查德·罗亚斯，当年 26 岁，是纽约布朗克斯区居民，有 2 次酒驾前科，并有犯罪记录。

驾车撞人后的罗亚斯在路上狂奔大吼。

据警方透露，罗亚斯的酒精测试呈阴性，但此人当时吸食了合成大麻。警方称在拘捕过程中罗亚斯的行为出现失控，罗亚斯表示“听

到了魔鬼在头脑中命令自己伤害他人”。(根据法新社、网易网报道综合整理)

案例 2：德克萨斯男子吃狗事件

2012 年 6 月，美国德克萨斯州 22 岁男子丹尼尔在服用合成大麻之后，突然发狂，袭击家人和邻居，并将自己养的宠物狗活活掐死之后，开始生吃宠物狗。

当日，男子丹尼尔在家中忽然发狂，咆哮不止，并开始攻击家人，追赶邻居。而后发生的事情更令人胆寒。据邻居及目击者称，丹尼尔抓着一只宠物狗，扼住狗的脖子，不停地击打狗身，宠物狗奄奄一息的时候，丹尼尔就开始啃食这只狗。这只宠物狗不幸死亡。(来源：百度知道)

解释：

合成大麻（ Synthetic cannabis ）是新型香料类毒品的主要类型，是一种以不同香料和药草，混合不同化学物质制成不同口味品种的低成本化学合成毒品，以商品名“K2”或“Spice”著称，另有 Genie（ 精灵)，Zohai（佐海），迷幻鼠尾草等多种名称。

这些香料产品在许多国家目前都是在迷幻商店或通过互联网进行销售。“香料”类产品根据它们的法律状态和宣称的天然草本制作，常常被认为“合法嗨药”或者“草本嗨药”。这些产品的销售对于顾客而言没有年龄限制，因此，流行性很广，尤其是在年轻人当中。近几年在全球大部分国家和地区流行，且呈现出愈演愈烈的趋势。

由于新型香料中基本不含天然大麻成分，最初出现的几年世界各国基本未将其列入毒品检验范围，因而流行欧美，扩散至亚洲。但“香料”的长期滥用会产生成瘾综合征的一些迹象，以及在大麻滥用者身上可观察到类似的戒断症状。目前，越来越多的国家已经逐渐认识到了新型香料产品的危害性，且不少国家都已经陆续将新型香料中发现的多种合成大麻素列为各国的管制药品进行管制。

近年来的相关案例显示，吸食合成大麻后，大部分患者感到呼吸困难、心跳加速，其他吸食 K2 的副作用还包括呕吐、妄想、精神恍惚、容易激动、瞳孔放大等，甚至会出现暴力倾向。（来源：徐鹏、刘克林、高利生，新型香料类毒品的研究进展，《中国药物依赖性杂志》，2012.12）

12. 你了解这种液态快乐丸吗?

解释：

"神仙水"即 GHB，学名是"伽马－羟基丁丙酯"，俗称液态快乐丸，是一种无色、无味的液体，通常被制成喷雾状或胶囊状以便于食用。

吸食神仙水很容易就上瘾，也很难戒除；GHB 进入人体后，会影响脑部的多种传导物质，产生欣快感、昏睡、头痛、晕眩、呕吐、失忆、视幻觉、脉搏变慢、瞳孔缩小、低体温、肌抽跃、呼吸抑制等；严重中毒时，则可能产生脉搏过慢、痉挛性肌肉收缩、神智不清、谵妄、抽搐、昏迷、严重呼吸抑制、肝衰竭、电解质异常、低血压、吸入性肺炎等。

警方缴获的"神仙水"毒品实物图。

案例：开趴喝“神仙水”17 岁女孩丧命

我国台湾地区一名 17 岁的李姓高职女生，于 2013 年 3 月，和 6 名男子、2 名女性友人到 KTV 唱歌喝酒，玩到凌晨两点多，大家再转进一家汽车宾馆聚会，郭姓男子趁机把“神仙水”加入市售提神饮料中，骗女生说“喝了可以提神”。

李女喝了不到 20 分钟，突然蜷曲成一团，冒冷汗、发抖、吐白沫，一副很痛苦模样，他对好友说：“眼前一片黑，觉得身体很虚。”大哭后随即晕倒。友人赶紧打电话送医，急救后就没醒来，昏迷近 3 个月因器官衰竭死亡，“觉得好虚”成为她临终前最后一句话。

女生父亲怀疑郭姓男子等人企图玷辱女儿才会偷掺“神仙水”，造成女儿死亡，希望为女儿伸冤。检察官传女生的 2 名好友作证，两人都说：“聚会还没开始，李女就口吐白沫、发抖，好像中邪一样，大家乱成一团，忙着报警送医，聚会也中断，没人碰过她。”

检察官根据当天聚会人员的供述，查出郭姓男子偷掺“神仙水”骗女生喝下，疑酒精加上“神仙水”交互作用，造成女生中毒，将郭姓男子依过失致死罪起诉。（来源：中国禁毒微信）

13. 止咳水上瘾后会怎样？止咳药品哪些是安全的？

解释：

2015 年，国家食品药品监督管理总局、公安部、国家卫生计生委曾联合发布公告，将含可待因复方口服液体制剂（包括口服溶液剂、糖浆剂）列入第二类精神药品管理。公告自 2015 年 5 月 1 日起实行。

“含可待因复方口服液体制剂”即为通常所说的止咳水，如联邦止咳露等。因为其成分中含有可待因、麻黄碱成分，可刺激中枢神经，达到镇痛、镇静、止咳作用。长期服用“止咳水”会造成身体对药物的严重依赖，导致精神异常兴奋、昏昏欲睡、恶心、情绪不稳定、睡眠失调等症状，大量服用则会抑制呼吸，严重者甚至神志不清，产生幻觉和妄想，导致行为失控，甚至诱发其他刑事犯罪。

“止咳水”被列入精神药品管理目录后，止咳水即属于毒品的范畴，这对遏制止咳水滥用至关重要。

止咳水因含有可卡因、麻黄碱等许多成分，服用后会出现昏昏欲睡、便秘、恶心、情绪不稳定、睡眠失调等症状，大量服用能抑制呼吸。止咳水中的磷酸可待因属于中枢性镇咳药，一般用于无痰的干咳，具有镇咳和镇痛功能，其作用强度为吗啡的四分之一，能起到兴奋呼吸中枢神经的作用，大量服用会产生快感和幻觉，出现晕眩、心跳过速等不良反应，长期饮用会上瘾。与鸦片、海洛因等毒品相似。

止咳水中的盐酸麻黄碱具有平喘、兴奋和麻醉作用，但属于精神药品，麻黄碱是制冰毒和摇头丸的原材料，长期、大量服用也易上瘾。

长期服用可形成心理依赖，戒断症状类似海洛因毒品。吸食者往往最终转吸海洛因，才能满足毒瘾。过量滥用可导致抽筋、神智失常、中毒性精神病、昏迷、心跳停止及呼吸停顿引致窒息死亡。

有咳嗽症状，最好去医院就医；如果在药店购买含可待因复方口服液体制剂，需按医生处方按量购买，遵医嘱服用。

案例：男孩滥用止咳药水，身高萎缩 12 厘米！

央视《每周质量报告》报道称，广东一名叫强仔的男孩从 12 岁开始滥用止咳药水，由于严重的钙流失，脊柱明显滑脱，身高由最高时的 1.72 米萎缩到了 1.60 米，生理、心理受滥用药品严重摧残。强仔从 12 岁开始滥用止咳药水，每天少则七八瓶，多则 20 多瓶，以每瓶120毫升计算，平均每天至少喝掉1000毫升止咳水。而在其滥用药物历史长达8年后，终于来到医院进行戒瘾治疗。

然而医生发现，强仔在药物成瘾期间，出现过严重的骨质疏松、记忆力明显下降、幻觉和妄想精神障碍等症状。（来源：中国禁毒微信）

14.“迈阿密啃脸事件”中涉及的“浴盐”是种什么样的毒品？

案例：美国迈阿密啃脸事件

当地时间2012年5月29日，美国《迈阿密先驱报》公布了一份警方发布的监控录像，这份录像是由附近的《迈阿密先驱报》大楼监控拍下的。

视频记录下5月26日下午1:55，一名赤身裸体的黑人男子沿着比斯坎路出口匝道的人行道行走。他在立交桥下阴凉的地方停顿了一下，一辆自行车从他身边经过时，他转了下身。接下来的两分钟，他与另一个人在接触，但画面恰好被旁边的棕榈树挡到。过了一会儿，他把一个躺在地上的人翻滚到阳光下，开始扒他的衣服，并对后者实施袭击。

根据迈阿密警方提供的信息，他们接到的第一个报警电话是一名驾车人打的。这个报警信息被转达给佛罗里达州高速巡警，随后又转给迈阿密警方。警方未透露报警时间。

在事件发生过程中，多人向警方报案。骑自行车路过的拉里·维加后来告诉媒体，裸体袭人者“就站在那儿，抬起头，嘴里还咬着一块肉，发出吼叫声”。

袭击发生16分钟后，下午2:11，迈阿密警方的警车逆行出现在辅道上。两分钟后，该警车从另一方向再次逆行出现在视频画面范围内。警官里维拉从警车上下来，随即掏枪，正对着袭击者。几分钟后，又一名警察抵达现场。在多次鸣枪警告无效的情况下，警方连开6枪将这名疯狂男子当场击毙。被袭者被送医紧急救治，他面部的 75% 已被袭人者吃掉！

事后调查发现，袭人者名为鲁迪·尤金，袭击前服用了毒品“浴盐”。（来源：百度知道）

迪·尤金

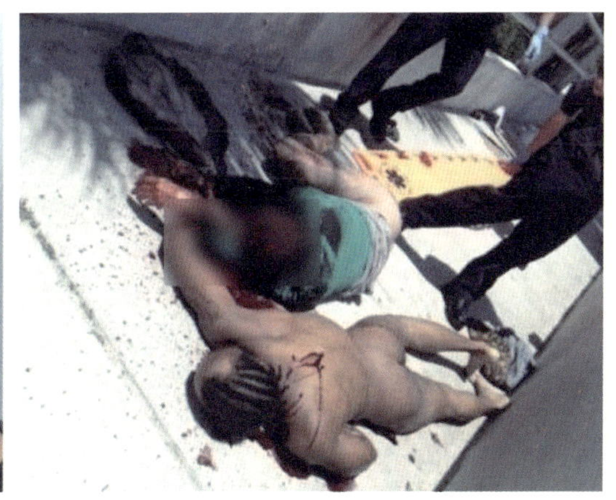

迈阿密啃脸事件现场。

解释：

“浴盐”是新精神活性物质甲卡西酮的俗称，又称丧尸药。其通常为白色或类白色的粉末状物，味苦，闻起来有典型的酮类物质的甜味。甲卡西酮是一种新型的致幻剂，实际上是一种高效精神类药物——卡西酮的高纯度结晶。其作用效果与可卡因、安非他明和 MDMA 相似，兴奋功能比可卡因强 13 倍。最为常见的吸食方法是鼻吸，其他的吸食方式还有口服、静脉注射、烟吸和直肠给药。浴盐可吸食、可注射，如果注射比例过高，注射者很快会发疯而死。

初次吸食毒品甲卡西酮 0.5 克后，可能两天两夜不睡觉，并伴有恶心、呕吐等反应，且一直处于精神兴奋状态。吸食后有强烈的兴奋感，性欲增强，饥饿感减弱，且睡眠减少，只摄入少量液体。相关调查资料显示，使用者中51%自述头疼，43%出现心悸，27%出现恶心，15%有寒冷或手指发绀症状。

甲卡西酮的另一大危害在于，即便隔了几天，服用者仍会受到上述症状的困扰。吸毒者的胸口痛得要命，他们认为他们即将心脏病发作，可能就要死了。他们极端偏执，会产生幻觉，竟然看到妖魔鬼怪、外星人，会听到可怕的声音。

医学证实，甲卡西酮的滥用会导致许多不良后果，可引起失眠、幻觉、鼻出血、鼻灼伤、恶心、呕吐、血液循环加快、发汗、腹痛、流鼻血和周身疼痛等问题，出现皮疹、焦虑、抑郁、偏执狂、痉挛和妄想。其他副作用还包括注意力差，短期记忆消失、心率增加、心跳异常、瞳孔散大、无法正常张嘴、磨牙、营养不良、脱水等。

无节制摄入“浴盐”，可能会导致行为失控、自残，以至于陶醉于肢体暴力中，而自己却没有知觉。各国曾出现数例服食浴盐后发疯袭人的事件，它可能是导致美国迈阿密“啃脸案”的罪魁祸首，因此也被称为丧尸毒品。毒品“浴盐”中毒者甚至无法用镇静剂使其恢复状态，只能直接麻醉。服用毒品“浴盐”对心理的影响也长达数月。

15. 这种“茶叶”喝不得！你了解这种有毒的“茶叶”吗？

解释：

近年来，我国多地相继查获恰特草走私案，涉案恰特草数量巨大。

恰特草，又名阿拉伯茶，学名也门茶、巧茶、东非罂粟，常青灌木，是一种产于东非和阿拉伯半岛地区的植物。阿拉伯茶新鲜叶片晾干后极像茶叶，喝起来也有茶叶的味道。

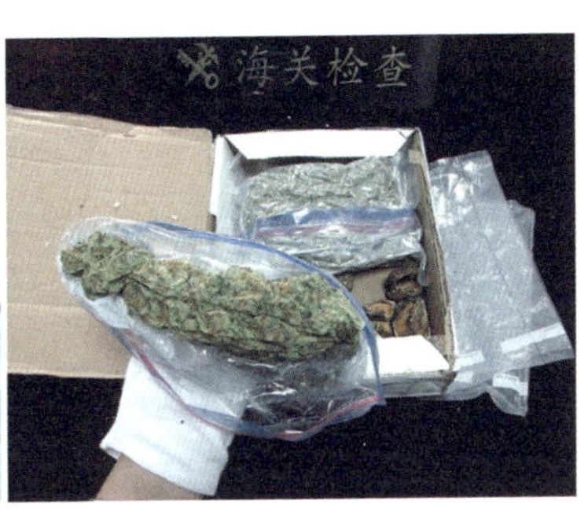

恰特草

阿拉伯茶可以治疗一些疾病，同时也会产生较大的副作用。阿拉伯茶茎叶中含有天然安非他明，咀嚼会令人兴奋，对人体中枢神经具有刺激作用，会使人上瘾，是一种软性毒品。长期食用阿拉伯茶会造成睡眠障碍、幻觉、牙齿染色、焦虑、食欲不振、抑郁、便秘、肠胃炎、高血压和精神病。研究表明其作为毒品效果堪比海洛因，世界上很多国家已经禁止生产和进口阿拉伯茶。

2014 年 1 月 1 日，国家食品药品监管总局、公安部、卫生计生委公布的《精神药品品种目录》(2013 年版)正式实施，该目录将恰特草列入第一类精神药品进行管制，属《刑法》《禁毒法》所指的毒品范围。凡种植、持有、贩卖、走私、服食恰特草都属于违法犯罪行为。

16. 蘑菇可能是毒品——你了解迷幻蘑菇吗?

解释：

裸盖菇，俗称迷幻蘑菇、神奇魔菇或魔菇，是含有裸盖菇素和脱磷酸裸盖菇素等迷幻物质的蕈类。裸盖菇素包含赛洛西宾(Psilocybine)及不稳定的中间物赛洛新(Psilocine)，其作用类似迷幻药 LSD。这两种物质都属于我国第一类精神药品品种，受到严格管制。

服用裸头草碱将减弱大脑中一些部位的活动性，导致大脑各个功能部位之间信息传递的脱节，放大你的感官感受，从而引起各种奇怪的幻觉。滥用迷幻蘑菇一般表现为瞳孔扩大、视力模糊、烦躁不安、心跳加快、血压升高，还可能导致全身抽搐、高烧、意识昏迷、心律不齐、心肌梗塞等。

长期服用裸头草碱或致幻蘑菇，会严重影响并损害人的中枢神经系统、抑制免疫系统，直至出现妄想、精神失常、精神分裂等症状。

此外，由于致幻蘑菇会形成幻觉，行为人吸食后可能会出现被害狂想症等症状，导致攻击性、暴力型行为，危害到他人和社会的安全。

不法分子还制作名为迷幻蘑菇的片剂毒品，多为粉红色片剂，其迷幻成分主要由一种含毒性的菌类植物“毒蝇伞”制成。“毒蝇伞”生长在北欧、西伯利亚及马来西亚一带，属于带有神经性毒素的鹅膏菌科，含有刺激交感神经、与迷幻药 LSD 有相似的毒性成分。

吸食该类片剂毒品后的反应：药力持久，有吸食者称比摇头丸、K 粉更强烈。吸食后即会出现健谈、性欲亢进等生理异常反应。

过量吸食该类片剂毒品，会出现呕吐、腹泻、大量流汗、血压下降、哮喘、急性肾衰竭、休克等症状或因败血症猝死。心脏有问题的人服用后可导致休克或突然死亡。

案例：

2003 年初，我国黑龙江省哈尔滨市某男子吸食致幻蘑菇，几小时后该男子突然倒地猝死。

2007 年 3 月，一名 17 岁的少女在荷兰食用致幻蘑菇致幻，跳楼身亡。

2013 年 6 月，一名 40 多岁的美国男子吃了致幻蘑菇后自残，竟然把自己的生殖器扯断了。

2016 年 5 月，美林证券分析师 Alex 在吃了致幻蘑菇后，以为自己会飞。从自己纽约曼哈顿公寓 26 楼窗口跳下身亡。

17. 青少年为什么易吸毒？

毒情：

《2016 年中国毒品形势报告》显示，截至 2016 年年底，全国现有吸毒人员 250.5 万名（不含戒断 3 年未发现复吸人数、死亡人数和离境人数），同比增长 6.8%。其中，不满 18 岁 2.2 万名，占 0.9%；18 岁到 35 岁 146.4 万名，占 58.4%；36 岁到 59 岁 100.3 万名，占 40%；60 岁以上 1.6 万名，占 0.7%。

解释：

青少年正是生理、心理发育的重要时期，这一时期很容易药物滥用和成瘾。特别是对毒品神秘性的好奇，对毒品危害的严重性认识不够，法制观念淡薄，认知能力低下，明辨是非能力差，使之产生一种不亲身体验就不快的强烈欲望。据调查，首次使用毒品的原因分别为：好奇心占 52%，同伴压力占 20%，情绪影响占 9%，寻找乐趣占 5.3%，家庭问题占 4%，恋爱缓解压力占 3.3%，毒贩教唆占 1%。由此看出，青少年吸毒主要原因是好奇，结伴寻找刺激、叛逆、受骗等。毒品作为政府明令禁止青少年接触的物质，这一特性本身即决定了它能引起青少年强烈的好奇心，毒品的神秘性进一步提高了它对青少年的诱惑力。青少年往往抱着“看看毒品究竟是什么东西，有多大作用”“试一试”“尝一尝新鲜”“不信它有那么神”等好奇态度，轻率地沾上毒品，并且在朋友圈里迅速发展同类人结伴吸食，所以很多年轻人都是在朋友聚会时聚众吸毒，也有吸毒上瘾的人，结成固定的圈子，一块吸毒。由于同辈群体在社会地位、年龄、爱好、兴趣、经历和价值观都非常相近，彼此相互吸引，因此同辈群体对个体的发展具有重要的影响作用，尤其是对心理还未成熟的青少年，这种伙伴影响的力量可能会远远超过老师。青少年对毒品一无所知，同时又很容易轻信别人，常常会在毫无防备的情况下陷入毒品危机。还有很多青少年在一定程度上了解毒品知识，也知道毒品的危害，但是他们不喜欢循规蹈矩的生活，喜欢追求新事物和体验新生活，认为服用毒品是一种很刺激的事，可以经历一些平时不能经历的事，或暂时成为其他人，以逃避那种似乎不适合他们，但又摆脱不了的日常生活。

18. 灵感的妙药靠吸毒找不到——吸毒能带来灵感吗?

案例:

2014 年 6 月 26 日国际禁毒日前夕，国内某知名编剧、作家因吸毒被抓获，被行政拘留 15 天，引发关注。该编剧被抓后解释：“我每次大密度写作的时候，就会吸毒。”

从全球范围看，当代许多知名的艺术家同样是瘾君子，如美国最著名的作家史提芬金、摇滚巨星猫王普雷斯利、甲壳虫乐队、音乐全才埃尔顿·约翰、画家萨尔瓦多·达利等。

解释:

关于吸毒是否能带来灵感，目前主流的观点有两种。

一种认为，毒品确实存在激发创作者灵感的机制，但相比起毒品带来的危害，靠艺术唤起灵感是种愚蠢的行为。《科学美国人》杂志的文章指出，让人上瘾的毒品通过神经递质多巴胺激活脑部的奖励系统：杏仁体（amygdala），腹侧组织层（ventral striatum）和额叶皮层（frontal cortex），但是当该系统反复地被多巴胺刺激时它就会变得迟钝。所以为了达到相同的兴奋感，瘾君子需要增加药物的剂量，这又被叫做药物耐受性（drug tolerance）。最后，大脑的奖励系统瘫痪了。这之后，瘾君子吸毒不仅是为了让自己感到快乐，而更是为了通过药物刺激来抑制大脑中有关疼痛和压力的神经回路。生理学专家科布在神经科学年会上发表的演讲中提到："过多的药物奖励将会激活大脑和身体的压力系统。"这种"激活的状态"就是艺术家产生灵感的源泉——许多艺术家们愿意承受毁灭性的情绪障碍和精神疾病，故意用药物诱导产生这样的精神状态，打破大脑健康的平衡，从而在他们的创作中获得灵感。

另一种观点认为，吸食毒品根本不能激发灵感相反还可能抑制创造力。荷兰莱顿大学的助理教授罗伦萨－科尔扎托通过研究认为，"那些抽了大麻的人以为自己创造力大涨，其实这只是种幻觉。"她表示，如果想要克服写作障碍或者任何创意枯竭的问题，吸食大麻并不是好的办法，接连吸好几支更只会是南辕北辙。

综上所述，吸毒后的兴奋感和幻觉或许在短时间内可以激发创作者的灵感，但长期来看，这样做只会抑制创造力，对身心造成伤害。

19. 决不能相信吸一口不上瘾的谎言——吸食毒品为何会成瘾?

解释：

在人脑系统中，有一个重要的环路，称为奖赏回路，包括了腹侧被盖区、伏隔核、杏仁核、丘脑等大脑深部核团以及表层的前额叶皮层等。这个环路的功能主要是加工和奖赏有关的刺激，或者是对奖赏的预期。

在人类脑成像的研究中发现：这些脑区在加工与快乐相关的内容时会发生明显的激活：包括毒品、赚钱、面对好吃的食物、阅读幽默的漫画等。

我们知道恋爱中的人会感觉很幸福，喜欢吃甜食的小伙伴看到巧克力就会异常兴奋，当你收到喜欢的礼物时会感到很满足，这些都是因为我们大脑的奖赏环路在这个时候正在分泌一种“奖赏”物质——多巴胺，人在获得奖赏时，多巴胺水平会快速升高，随后又慢慢回落。

当吸食毒品时，毒品同样会让大脑释放多巴胺，传递出兴奋和开心的信号，这种“错乱”的奖励就是毒品所带来的正性效应，人们总是会贪念美好的感觉，久而久之，多巴胺所带来的兴奋便会使人上瘾，那种感觉比品尝巧克力的甜蜜，体验爱情的幸福更为强烈。

但是，停止使用毒品后，又会产生一系列的负性效应，就是我们常说的戒断症状，主要表现为：情绪焦虑、抑郁、疲乏无力、嗜睡多梦、饥饿等症状，严重者会因抑郁情绪而导致自杀。所以为了逃避这种负性情绪，吸毒者在心理上便会不断的渴求毒品。

如果说起初是为了体验快感而尝试毒品，那么，后来吸食毒品几乎纯粹是为了逃避负性效应……这种恶性循环便造成了物质成瘾。俗话说“上了贼船下不来”，大概就是这样一种体验吧。

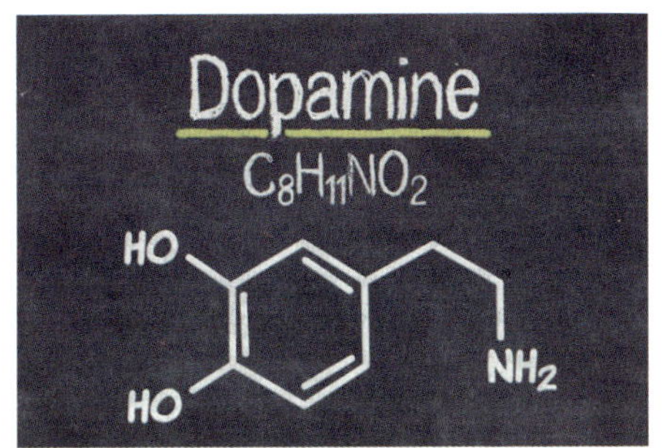

20. 有哪些常见药物可能导致成瘾?

解释:

人们常说的上瘾，通常指的是药物滥用后，产生心理上的依赖。止痛药中的吗啡、鸦片、杜冷丁，含可待因的止咳药，确实都具有不同程度的成瘾性，即人们常说的会上瘾。

一般来说，吃药上瘾指的是药物成瘾，指的是滥用药物后，对摄入某种药物产生的一种依赖状态，撤去药物后可引起一系列的不适症状，即戒断症状。药物成瘾可分为精神依赖和生理依赖，通常以心理上的精神依赖较为常见。

药品与毒品一字之差，也在于使用者的一念之差。用得合理，便是良药；一旦滥用，便是毒品。除了止咳水外，还有很多感冒药、镇痛药中都含有吗啡、可待因等成分，长期滥用可能成瘾。

就拿复方甘草片举例吧，复方甘草片因其价格低廉，止咳效果明显，为很多呼吸科病人所选用，特别是有些慢性支气管炎患者会把它作为常备药物。但是，很多人并不知道这类药物具有成瘾性，长期服用会损害健康。它的成分包括甘草流浸膏、阿片粉、樟脑、八角茴香油等。

其中阿片粉，有效成分吗啡，来源于美丽的罂粟花。临床上可以镇痛、镇静、止咳。用好了是很好的药物，特别是针对剧烈的咳嗽，短期、少量用一点，效果还是不错的，但是用多了，就会有成瘾性。有些患者在服用甘草片后，特别是长期（大于2周）、量较多（3～4片）时，停药后会出现不同程度的精神萎靡、烦躁、乏力、流泪、剧烈咳嗽，服用后症状就会消失。

甘草流浸膏：来源于甘草，这里面的甘草酸，有类似人体的一种激素——醛固酮的效果，长期大剂量会导致水钠潴留，可能会引起水肿、血压升高，这对有高血压的患者是不好，而且它和高血压患者用的降压药、利尿药都会拮抗的！

镇静催眠药：即常说的安眠药，如苯巴比妥等，这类药易产生精神依赖，但长期大剂量使用可发生身体依赖。

抗焦虑药、抗抑郁药：这类药临床应用范围越来越广，致使成瘾者也逐渐增多。如地西泮、氯硝西泮等。

镇痛药：阿片类受体激动剂，如吗啡、鸦片等，镇痛效果好，起效快，因使用时伴有欣快感，滥用时容易产生精神依赖，成瘾性较强。

中枢镇咳药：如可待因，在人体内可代谢为吗啡，因此含有可待因的止咳药也具有成瘾性。

精神兴奋药：中枢神经兴奋药苯丙胺，有减少睡眠、消除疲劳的作用，但有较强的成瘾性，一般小剂量即可成瘾。

抗精神病药：氯氮平对精神病的幻觉、妄想和兴奋躁动疗效好，但长期使用易成瘾。

解热镇痛药：去痛片、复方阿司匹林片也有成瘾性，但多呈现为病态嗜好，属于心因性成瘾。

其他易成瘾的药物：凡是含有咖啡因的药丸或饮料，久服也成瘾；有些止咳糖浆含有可待因、阿片酊，久服也成瘾；女性激素用于替代疗法，久服也成瘾，主要表现为心理上的依赖。

以上药品使用时必须凭医师处方，在药师指导下正确使用，以确保药物疗效，降低因滥用而导致的成瘾性问题。

常用药的安全性都是必须经过验证的，包括其成瘾性试验。因此，日常用药时，只要是由医师开具的药品，按药师指导的正确的方法使用，并不会存在上瘾的问题。

21. 吸烟与吸毒到底有什么区别？

解释：

吸烟和吸毒都会成瘾。但是成瘾后的症状有明显区别，香烟的成瘾症状只是对自身的精神状态以及身体上有一种不适应感，而毒品则是会出现幻觉、妄想、猜忌、性格改变，暴力倾向和暴力行为等明显带有精神病或是暴力攻击性的行为。两者危害孰轻孰重，答案不言而喻。

吸烟和吸毒都非常伤害人体健康，但危害的时间以及躯体器官明显不同。香烟对人体是一个积铢累寸的慢性伤害过程，其对人体构成危害的主要成分是尼古丁。一支香烟的尼古丁为 6 ~ 8 毫克，足以毒死一只老鼠，20 支香烟的尼古丁可以毒死一头牛。使人致死的尼古丁剂量为 50 ~ 75 毫克，一个人每天吸 20 至 25 支烟，就可以达到这个剂量。但在吸烟时，约 25% 的尼古丁被燃烧破坏，5% 残留烟头内，50% 扩散到空间，真正被人体吸收的尼古丁只有 20%，所以人一天吸一盒香烟也不会中毒。

毒品对人体的危害则是一个短期直接的快速伤害过程，它主要破坏人的免疫系统和中枢神经系统。深度毒品成瘾者的躯体多数是多病缠身，比如肺部感染、泌尿系感染、高热、心肌病、急性心衰、病毒性肝炎、梅毒、皮肤严重感染、高血压、糖尿病、肾结石、胆囊炎，等等。当人体的中枢神经系统被毒品伤害后，就会出现幻觉、妄想、暴躁易激惹、性格改变、猜忌、暴力倾向等症状。

同样的危害，香烟对人体的危害是一个慢性过程，虽然对躯体器官的伤害同样巨大，但是并不会对人的精神心理造成很大的影响。毒品不仅对躯体器官伤害严重，更可怕的是对心理精神都会造成巨大的影响，让吸毒者在毒瘾发作时极具自残或攻击性。

22. 夜店流行“吹气球”——笑气也能要人命，你了解笑气吗？

解释：

某些夜店流行“吹气球”。所谓“吹气球”，其实是为了吸气球中一种叫“笑气”的东西。不少人之所以吸食“笑气”，是因为吸入体内后会有兴奋放松的感觉，还会想大笑。

“笑气”实际上是一氧化二氮或氧化亚氮（Nitrous oxide），无色有甜味气体，是一种氧化剂，在一定条件下能支持燃烧，但在室温下稳定，有轻微麻醉作用，其麻醉作用于1799年由英国化学家汉弗莱·戴维发现。

“笑气”的名称来源于吸入它会感到欣快，并能致人发笑。它也可以用来作为火箭和赛车的氧化剂，以增加发动机的输出功率。

“笑气”曾广泛用于医学麻醉，它可以作为辅助麻醉剂，起到镇静的作用，一般会和氧气结合使用，降低治疗过程中的痛苦。

现在国内部分人把“笑气”当毒品来用，由于夜店里都采用直接吸食的方式，这就会导致体内尤其是大脑处于缺氧状态。从外观上看，吸食者往往会嘴唇变紫。同时，由于大脑缺氧，神志也会受到影响，有晕眩感，交流困难。据调研，部分大量滥用“笑气”的人已经造成了器质性的损伤，如胸肌萎缩、肌肉麻痹等……经常吸入一氧化二氮，被证明会产生神经毒性，损害脑部。

非医学使用笑气，如果控制不好浓度的话会有生命危险。因为笑气的弥散能力很强，虽然笑气也从皮肤表面散发一部分，但是直接吸食时它会进入腹部肠胃等处，可能会有胀腹的感觉；同时，也有导致肺大泡胀裂、肠胃胀裂的风险，会有窒息的风险。

目前，“笑气”已经造成多起死亡案例。例如伦敦一名 18 岁少年在家中举办派对时与朋友一起吸食了笑气，派对结束后这名少年在回家途中突发心脏骤停随后昏厥。其朋友立刻呼叫救护车将其送入医院。但两小时后，这名少年被宣告抢救无效死亡。在他昏厥的地方，警方发现了装有笑气的小盒子。2014 年，英国有 46 万 16 至 24 岁的青少年吸食笑气，在 2006 年到 2012 年期间，有 17 人死于吸食笑气。

调查发现，除了夜店，网上也有很多直接售卖“笑气”产品的网店。搜索可发现，一些电商网站销售有“笑气子弹”“奶油气弹”商品。在咨询某网店的店主时了解到，所谓的“奶油气弹”“笑气子弹”其实就是“笑气”成分，不少人从网上买了自己吸食。

2

第 二 章

Chapter 2

毒品危害篇

1. 毒品对吸毒者的身心有哪些危害？

解释：

毒品的危害很多，对吸毒者身心的危害主要表现在以下 4 个方面：

（1）吸毒对身体的毒性作用：这通常体现在机体的功能失调和组织病理变化。中毒主要特征有：嗜睡、感觉迟钝、运动失调、幻觉、妄想、定向障碍等。

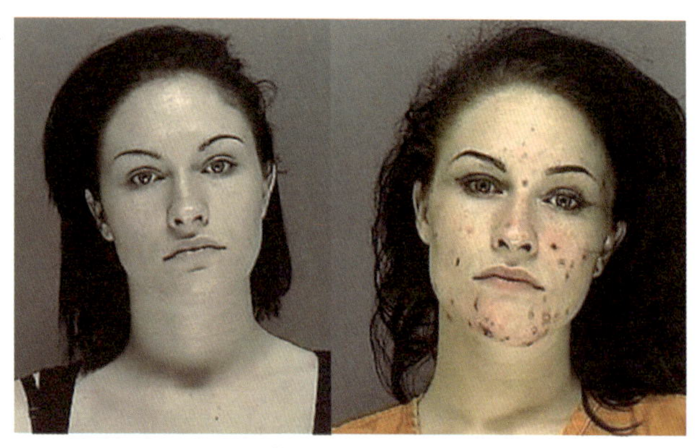

吸毒者前后对比照。

（2）戒断反应：这种反应是长期吸毒造成的一种严重和具有潜在致命危险的身心损害，通常在突然终止用药或减少用药剂量后发生。许多吸毒者在没有经济来源购毒、吸毒的情况下，或死于严重的身体戒断反应引起的各种并发症，或由于痛苦难忍而自杀身亡。戒断反应也是吸毒者戒断难的重要原因。

（3）精神障碍与变态：吸毒所致最突出的精神障碍是幻觉和思维障碍。

（4）感染性疾病：静脉注射毒品给滥用者带来感染性合并症，最常见的有化脓性感染、乙型肝炎以及令人担忧的艾滋病。此外，吸毒还损害神经系统、免疫系统，易感染各种疾病。

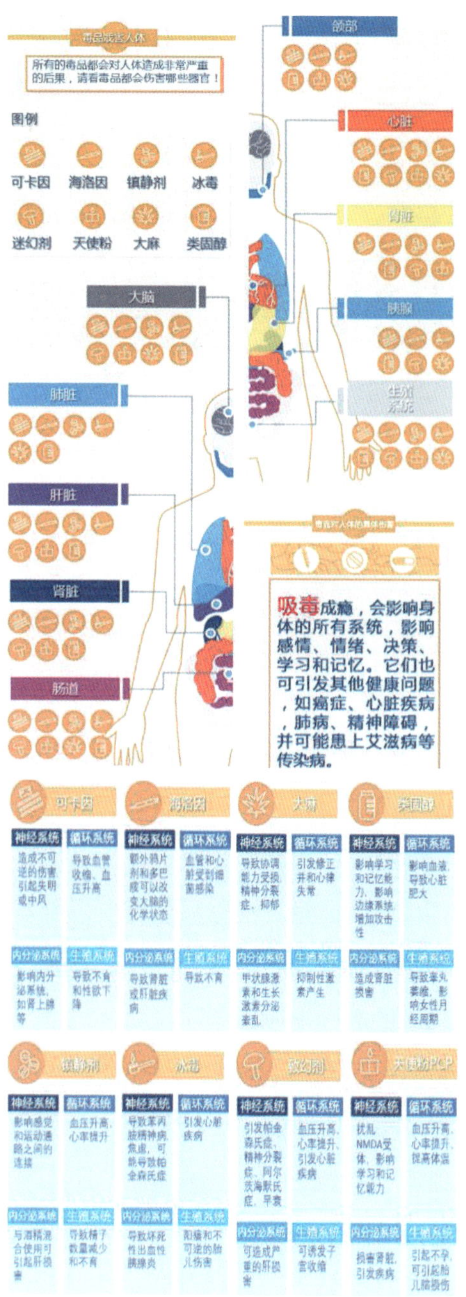
毒品伤害人体
所有的毒品都会对人体造成非常严重的后果，请看毒品都会伤害哪些器官！
图例
可卡因
海洛因
镇静剂
冰毒
迷幻剂
天使粉
大麻
类固醇
颌部
心脏
胃脏
胰腺
生殖系统
大脑
肺脏
肝脏
肾脏
肠道
吸毒成瘾，会影响身体的所有系统，影响感情、情绪、决策、学习和记忆。它们也可引发其他健康问题，如癌症、心脏疾病，肺病、精神障碍，并可能患上艾滋病等传染病。
可卡因
神经系统
造成不可逆的伤害引起失明或中风
循环系统
导致血管收缩、血压升高
内分泌系统
影响内分泌系统，如肾上腺等
生殖系统
导致不育和性欲下降
海洛因
神经系统
额外鸦片剂和多巴胺可以改变大脑的化学状态
循环系统
血管和心脏受到细菌感染
内分泌系统
导致肾脏或肝脏疾病
生殖系统
导致不育
大麻
神经系统
导致协调能力受损，精神分裂症、抑郁
循环系统
引发修正并和心律失常
内分泌系统
甲状腺激素和生长激素分泌紊乱
生殖系统
抑制性激素产生
类固醇
神经系统
影响学习和记忆能力，影响边缘系统，增加攻击性
循环系统
影响血液，导致心脏肥大
内分泌系统
造成肾脏损害
生殖系统
导致睾丸萎缩，影响女性月经周期
镇静剂
神经系统
影响感觉和运动通路之间的连接
循环系统
血压升高，心率提升
内分泌系统
与酒精混合使用可引起肝损害
生殖系统
导致精子数量减少和不育
冰毒
神经系统
导致苯丙胺精神病，焦虑，可能导致帕金森氏症
循环系统
引发心脏疾病
内分泌系统
导致坏死性出血性胰腺炎
生殖系统
阳痿和不可逆的胎儿伤害
致幻剂
神经系统
引发帕金森氏症、精神分裂症、阿尔茨海默氏症、早衰
循环系统
血压升高，心率提升，引发心脏疾病
内分泌系统
可造成严重的肝损害
生殖系统
可诱发子宫收缩
天使粉PCP
神经系统
扰乱NMDA受体，影响学习和记忆能力
循环系统
血压升高，心率提升，提高体温
内分泌系统
损害肾脏，引发疾病
生殖系统
引起不孕，可引起胎儿脑损伤

2015 年 4 月 1 日晚 9 时，江西南昌一名男子与妻子吵架后，一气之下吸食了毒品，并挟持自己 5 岁的亲生女儿欲跳桥。5 个小时后，男子才抱着小女孩爬回桥面，并被警方带走。（来源：腾讯网）

2. 吸毒会导致艾滋病吗？

解释：

吸毒成瘾严重者容易感染艾滋病，原因如下：

一是静脉注射导致交叉感染。吸毒者中以青少年、文化程度低、卫生观念淡薄者居多。由于海洛因的成瘾性，吸毒成瘾者通常会走向静脉注射毒品这种方式吸毒，当毒瘾发作时吸毒者总是急不可耐地由静脉注入海洛因，由于卫生观念差，吸毒者又总是成群接触，一个注射器常常反复使用或多人共用，这时只要其中一个吸毒者是艾滋病病毒（HIV）感染者，那么病毒便可通过这种途径进入其他吸毒者的体内，造成其他吸毒者的 HIV 感染。

二是吸毒者乱性导致感染。吸毒人员中性乱者居多，吸毒女性更是传播和感染 HIV 的高危人群。HIV 传播的途径之一就是性交，而吸毒者往往对淫乱行为持宽容和接纳的态度，还有不少吸毒女青年为筹毒资，常常“以淫养吸”。因此吸毒者通过性接触感染和传播 HIV 的机会就比常人要多得多。

3. 毒品对家庭的危害具体有哪些?

解释:

家庭中一旦出现了吸毒者，这个家便不能称其为家了。吸毒者在自我毁灭的同时，也破坏着自己的家庭，使家庭陷入经济破产、亲属离散，甚至家破人亡的严重境地。

首先，吸毒导致了吸毒者自身发生疾病，从而最终完全丧失劳动力，这必然给家庭造成严重经济负担。

其次，吸毒往往导致家庭暴力与犯罪，这又必然破坏家庭的和睦，甚至导致家庭破裂。

第三,一些吸毒人员会把毒瘾“传染”给家庭成员。大量案例说明，很多吸毒者都是从丈夫、兄弟及其他亲属那里获得毒品，从而沾染恶习的，有的甚至出现了全家吸毒的现象。这种现象必然导致家庭的彻底毁灭。

第四，父母吸毒，会严重影响下一代的生理与心理健康。无论是家庭经济状况的恶化还是家庭的破裂，都必然给儿女造成伤害。

（漫画作者：何能）

4. 吸毒如何影响性行为和怀孕？

解释：

大麻以及目前有人将苯丙胺类物质（例如冰毒）和性药混合，均有强化性欲的作用。

对性行为的影响，主要是新型合成毒品表现得最为严重。一般来说，使用了新型合成毒品即容易造成变态的性冲动，或是出现攻击性的性行为。此外，因为吸食新型合成毒品引发的性乱，也极容易造成梅毒、艾滋病的传播。

而不同种类的毒品对孕妇都存在不同的影响。大家知道正常女性在怀孕生产的过程中，有部分女性很容易出现产前焦虑和产后抑郁的情绪问题。如果使用毒品，无论是麻醉类还是兴奋类的毒品，对孕妇的精神和情绪都是极为不利的。吸毒妇女一旦怀孕，会影响到腹中胎儿的正常发育，造成胎儿在宫内发育迟缓、早产，容易造成胎儿畸形、怪胎，在围产期有着较高的死亡率和患病率，新生儿可出现新生儿窒息、呼吸反射低、颅内出血、低血糖症、低血钙症等合并症，还可能出现戒断症状，如尖叫、易激怒、震颤、不安、多动、肌张力增高、呼吸急促、呼吸困难、厌食等。吸毒成瘾的女性在脱毒康复前不宜怀孕，如果发现怀孕则应人工流产或引产以终止妊娠。

此外，“是药三分毒”，何况是毒品。所以无论任何一种毒品，对腹中胎儿的神经及心脑血管的发育是极为不利的，容易造成胎儿的发育畸形。

5. 毒品对社会的危害具体有哪些？

解释：

一、吸毒影响生产，造成社会财富的巨大损失和浪费。首先，吸毒者大都无意从事生产劳动，不能创造社会财富，即使还在劳动、工作，也极易发生种种意外事故。严酷的事实表明，凡是吸毒严重的地区，劳动生产力受到极大的破坏，经济状况因此而急剧衰退。其次，为了与毒品作斗争，各国政府投入了大量的资金。我国在挽救、治疗吸毒者、开展禁毒教育和科研、加大缉毒力度等方面都投入了大量的人力、物力和财力，

二、毒品活动扰乱社会治安。它加剧诱发了各种违法犯罪活动，扰乱了社会治安，引发刑事犯罪。吸毒者吸食、注射毒品需要大量的金钱，吸毒者面对这样高额的费用和强烈的诱惑，会丧心病狂、不择手段、甚至铤而走险，进行抢劫、盗窃、诈骗、贪污、卖淫甚至杀人等违法犯罪活动，许多瘾君子五毒俱全，给社会治安造成严重危害。所有的吸毒者都希望发展新的吸毒者，因为这样可以把自己本来已经高价买来的毒品用更高的价钱卖给新的吸毒者，用赚来的黑钱买更多的毒品。这种做法，在吸毒者队伍中普遍称为“以贩养吸”，由此，不仅导致了更多的人陷入毒窟，还导致引诱、教唆、欺骗他人吸毒及强迫容留他人吸毒的犯罪现象的蔓延。

三、毒品活动还造成环境恶化，缩小人类的生存空间。毒品在加工、生产过程中需要大量的各种化学配剂，同时排放出有毒的“三废”物质，破坏了自然资源，污染了生态环境，有的已造成严重的后果。玻利维亚环保部门 1990 年发表的一份报造指出，全国每年由于生产、制造可卡因而倾入河中的有毒废渣、废水已达 3.8 万吨，使水生物、

植物大量死亡，农田被污染，农作物受到毒害，最终将影响人的健康。该报告还预计数年之后该国肥沃的查帕瑞平原将变为有毒的荒漠。

案例 1：广州男子吸毒致幻砍死女童

2016 年年底，广州市中级人民法院以危险方法危害公共安全罪，判处被告人刘某死刑，缓期两年执行，剥夺政治权利终身，并限制减刑。

刘某已有 10 多年吸毒史。2015 年 12 月 19 日，刘某吸食毒品一天半后导致意识障碍，返家后，无故殴打母亲、妻儿，然后又跑出家门，持刀在大街上行凶，砍伤多名朋友及路人，一名女童被其砍伤后抢救无效不幸死亡。（来源：人民网）

案例 2：男子吸毒致幻刀捅妻子女儿

2015 年 6 月 22 日，福建福清一男子吸食 K 粉致幻，竟在自家阳台持刀捅杀其妻子，民警赶到现场鸣枪示警，但该男子不但不听劝阻，反而转身进屋欲对自己亲生女儿痛下杀手，最终被民警成功制服。经抢救，被害母女脱离生命危险。（来源：中国新闻网）

6. 何为吸毒致幻？

解释：

吸毒产生幻觉主要有三种情况：第一，吸毒后毒品直接刺激脑神经出现幻觉。第二，长时间吸毒会出现毒品所致精神病，也会出现幻觉。第三，戒断过程中出现幻觉。

吸食冰毒等合成毒品后，往往会造成思维障碍，主要表现为妄想，其内容多荒诞不经、离奇恐怖，并常有被迫害及罪恶感，在这种思维的支配下，吸毒者常常会出现伤人、杀人或自伤、自杀行为。就拿近几个月来在媒体上曝光的吸毒致幻案件来说吧，由于神智受到毒品的破坏，吸毒者干出很多奇葩又可怕的事情。

吸食冰毒产生的幻觉是一种虚幻的知觉，在没有相应的现实刺激作用于感觉器官时出现的知觉体验。是常见的知觉障碍和精神症状。

1. 幻觉的性质

（1）真性幻觉：吸毒者所感知的幻觉形象与真实的事物完全相同，存在于客观空间，是直接通过本人的感官获得的。

（2）假性幻觉：吸毒者体验到的幻觉形象不存在于客观空间，而是来自于吸毒者的主观空间（脑内），不是通过感官而获得。例如吸毒者可不通过耳朵能听到脑子里有人讲话，不用眼睛可以看到脑里有一人像等。

2. 幻觉的种类

（1）听幻觉：是临床上最常见的幻觉，幻听的内容多种多样，可以听到各种声音，最常见的是言语性幻听，病人可清楚地听到有人在议论他。而言语的内容为命令性言语的幻听，称为“命令性幻听”，即幻听命令病人做某些事情，如打人、行凶、毁物等，可产生严重的危害性行为。

（2）视幻觉：也比较常见，内容也较丰富多样，形象可以鲜明生动，有时也比较模糊。

（3）嗅幻觉：吸毒者嗅到一些特殊的、多半是令人不愉快的气味，如血腥味、腐败味等。

（4）味幻觉：吸毒者尝到食物或水中有怪味或讨厌的味道。

（5）触幻觉：吸毒者感到皮肤有电流通过或虫爬感。

（6）内脏性幻觉：可产生于一固定的器官或躯体内部，吸毒者能清楚地描述自己某一脏器在扭转、撕裂、穿孔，或有昆虫在胃内游走的感觉。

7. 什么是毒驾？毒驾会导致怎样的恶果？

解释：

毒驾是吸毒驾驶的简称，英文为“Drug driving”。毒驾是指未戒断毒瘾的患者和正在使用毒品的驾驶员驾驶机动车的行为，其造成的后果不亚于酒驾，比酒驾更甚。毒驾对他人人身安全和财产安全有巨大的威胁。

据相关的科研成果表明，酒后驾车人的反应能力比正常人滞后12%，而吸食毒品后驾驶则滞后21%，所以毒驾的后果远比醉驾更为严重。

问题不止如此！吸食毒品之后，人的精神极端亢奋，甚至出现妄想、幻觉，判断力低下甚至完全丧失判断力，驾驶时的方向感、距离感、时间尺度都发生错乱，都可能诱发各种事故。

案例：从多起案例看毒驾之害

2011年8月，云南玉溪周某吸毒饮酒后无证驾驶，酿成2死2伤及多车损毁的惨剧。

2012年4月22日，王某吸食冰毒后驾驶营运大客车从上海前往江苏常熟，在常合高速行驶途中，神智混乱，驾车冲过中央护栏与对面正常行驶的一辆货车相撞，造成14人死亡、20人受伤。

2013年6月，四川眉山青神县戚某毒驾，导致2人死亡、1人重伤、2人轻伤及多辆摩托车损坏。

2014年10月，贵州贵阳一司机毒驾，导致其所驾轿车追尾货车，导致轿车内5人死亡。

2015年3月，浙江湖州南浔一男子毒驾并自残，撞伤7名路人，该男子身亡。

2015年4月，湖南岳阳一男子毒驾撞上对面驶来的面包车，导致3人死亡、1人受伤。

2016年4月，云南昭通一名毒驾司机驾车冲入街边公园，造成一死一伤。同月，海南省儋州市一酒驾毒驾司机开车连撞多车，致5名群众受伤。（来源：中国禁毒手机报）

8. 多药滥用的情况多见吗？有什么表现和危害？

解释：

多药滥用是指出于非医疗需要和目的，同时或先后在较短的时间内滥用两种以上的毒品并成瘾的违法行为。

全球范围内，药物滥用在很大的程度上已演变成为多种类别或品种的药物、物质混合使用的状况。多药滥用在国外吸毒人群中较普遍，我国吸毒者也不鲜见。

多药滥用一般有三种情况：使用同一类型中的若干种药物；同时使用两类或两类以上药物；滥用一类药物之后交替使用其他类药物。

多药滥用可见于不同的人群之中，而不是局限于某些特殊群体，也不受性别、年龄、教育程度、社会经济地位等因素的影响。往往以一种药物为主，配合另一种或多种药品。药物滥用在很大程度上已演变成多种类别或品种的药物、物质混合使用的状况。

通常情况下，成人中存在的多药滥用以某种精神药物为主，合并使用烟草、酒精或其他合法药物；而吸毒者的多药滥用通常以海洛因为主，再加上兴奋剂、镇静剂、大麻等。低龄多药滥用者通常为他人教唆诱导的结果。

多药滥用的原因：

为增强快感，追求更为强烈的刺激；为减少毒副反应，将中枢神经兴奋剂与抑制剂兼用；原来的药物不能得到或供应不足时，用其他药物或毒品替代或补充；由于经济的原因，吸毒者手中拮据，往往要寻觅一些价格低的掺假劣质毒品。

多药滥用的危害：

由于药物之间的相互作用（协同或叠加），多药滥用对人体的伤害加重，在生理和心理方面产生难以预见的毒副作用。多药滥用会使得药物中毒的几率大幅提高，而且多种药物共用会使药物之间相互反应，可能会增强毒品的毒性。

多药滥用常见的药物有：海洛因、哌替啶（杜冷丁）、二氢埃托啡、吗啡、大麻、致幻剂、苯丙胺类中枢兴奋剂（冰毒、摇头丸等）、氯胺酮、苯二氮卓类药物（三唑仑、地西泮等）、巴比妥类药物、曲马多、咖啡因、头痛粉等。

多药滥用的类别：

酒与其他药物滥用：一般认为，慢性酒精中毒者最易于在滥用酒精饮料的同时使用其他药物，最常并用的是巴比妥类镇静剂甚至麻醉品，但也有些药物依赖者则是在滥用其他药品时纵酒。

大麻和其他药物滥用：大麻在全球的滥用十分广泛，吸食大麻者最常合并的药物为酒类、兴奋剂、镇静剂与安定剂，而同时滥用麻醉品者较少见。在西方国家，大麻滥用在中学生和大学生中十分普遍。

海洛因和其他药物滥用：海洛因成瘾者易于同时滥用其他药物。国外报道海洛因依赖者同时滥用其他药物的比例越来越多，国内临床工作中发现的多药滥用主要为合并使用 ATS 类药物如 MDMA 及镇静剂，用以解决依赖后顽固性失眠、躯体不适等。海洛因依赖者一般同时使用香烟、阿片、安定类药物、巴比妥类、可卡因、苯丙胺、去痛片、酒精等。

兴奋剂与其他药物滥用：有报道称海洛因滥用者吸食海洛因后静脉注射苯丙胺以增加快感。也有人在使用可卡因后再使用兴奋剂。由于焦虑不安等，患者使用苯二氮卓类等抑制剂缓解副作用。

致幻剂与其他药物滥用：多为致幻剂与兴奋剂苯丙胺同时滥用，以增强致幻剂的效果。

毒品及其掺杂物的混合滥用：贩毒者为追求利润而向海洛因、可卡因等掺入大量各种杂质，包括一些污染物，使得吸毒者不自觉地吸入了不同类别的毒品。吸毒人群的躯体并发症，许多是来源于毒品掺杂物或污染物品。

海洛因中最常见的掺入物盐酸奎宁，即使在无菌的条件下，注射部位也可引起脓肿和局部组织损伤；若为静脉注射则可引起静脉炎，并继发组织坏死；长期口服则可导致失明及听力损害、呼吸和心脏功能抑制，重者昏迷致死，而在停药后视力可能逐渐恢复。

滑石粉和淀粉长期吸入可致肺滑石颗粒变性和肺动脉高压症。

棉花纤维可以造成肺纤维化和颗粒变性。

混合滥用能引起敏感者的急性中毒和过敏反应，并使长期使用者在几种药物的协同作用下蓄积中毒。毒品中的掺杂物会混淆中毒症状和体征，为临床处理带来难题。

海洛因与冰毒混用时，前者对大脑中枢神经系统起抑制作用；后者则会让大脑中枢神经系统兴奋，这种多药滥用者会出现中枢神经分裂症状，起初身体发烫，有闻到汽油味的幻觉，患者活动加剧（如外出满街跑），行为感觉失调、精神错乱、胡言乱语、赤身裸体、有恐惧畏缩感，类似精神分裂症。

阿片类药物与其他镇静性药物（如安定、速可眠）一起使用，两者对呼吸中枢系统的抑制作用同时发挥，所以滥用者很容易因呼吸困难、窒息而死。

阿片类药物与乙醇一起使用，则会加强对呼吸系统的抑制，使呼吸和心跳速度都降低，药量过大，就会发生中毒甚至死亡。

长期滥用冰毒的吸毒者，为了抑制冰毒的过分兴奋作用，往往会选择服用地西泮（安定）等类的镇静药物，然后又需要冰毒来提高自己的精神，两种药物交替轮流使用，就会造成恶性循环，很容易发生使用过量中毒的情况。

滥用药品也会引起类似毒瘾的瘾癖："药瘾"。据了解，由于缺乏对药物成瘾的正确认识，许多青少年低估了药瘾的危险性，药物成瘾群体低龄化、多药滥用趋势明显等现象日益严重。

案例：痛苦不堪的成瘾经历

20 岁的小张由于好奇，再加上朋友的影响，开始服用联邦止咳露。喝了之后他感到很舒服，"做什么事都很有精神，心情也好，整个人都感觉轻飘飘的。"一开始基本一周喝一次，每次大约半瓶，当时小张并不认为会上瘾。可是过了大约半年，小张发现一次喝半瓶已经没有感觉了，于是加大了剂量，开始一次一瓶，基本每天都要服用。后来发现喝一瓶也没了感觉，小张又开始喝立健亭。再后来这些也没了感觉，就加吃了美沙芬。到现在，一天至少喝 5 次，每次最少两支立健亭，一瓶小儿联邦，一排（12 片）美沙芬。

终于，小张在服用了 14 支止咳水和 50 粒美沙芬之后，出现心口胀痛，浑身冒冷汗，被家人送到医院洗胃。小张这时才意识到已经上瘾，开始尝试自己戒瘾。然而几天不喝止咳水不吃美沙芬的小张，经历了难以忍受的失眠、牙痛、腹泻、打哈欠、手抖等戒断症状，这让他痛苦不堪。而日益暴躁的脾气和怪异的反应让小张家人开始意识到问题的严重性。（来源："中国禁毒"微信）

3

第 三 章

Chapter 3

毒品防范篇

1. 从哪里可以学到防毒知识?

解释:

我国毒情形势严峻复杂，毒品来源多源化、毒品种类多样化、毒品制造扩大化、毒品滥用低龄化和毒品犯罪形式碎片化趋势明显，因吸毒引发的危害公共安全事件和两抢一盗案件高发频发。

毒品离我们并不远，那么我们从哪里可以学习到识毒、防毒、拒毒的知识呢?

禁毒类微信:

通过微信搜索功能搜索“禁毒”“戒毒”“毒品”字样的微信公号，我们可以搜索到上千个禁毒类微信公号。其中，省级禁毒办创办的各类微信公号多有防毒知识类内容。在此，我们推荐两个最有影响力、知识量大的微信公号。

中国禁毒:微信号为 onncc626，为国家禁毒办官方微信平台，定位于发布权威禁毒资讯，普及毒品预防知识，提供禁毒专业服务。该微信号几乎每天更新，每天更新文章 3 ~ 5 篇，头条或重头文章多是毒品预防知识类。目前该微信公号用户近 500 万，是国内最有影响力的政务微信公号。

阳光一生:微信号为 sdjd626，为山东省禁毒办官方微信平台。该微信号每天更新 5 ~ 8 篇文章，毒品预防教育是其内容的重点。其报道主题紧扣社会热点，在省级禁毒类微信中综合影响力最大。

禁毒类网站:

各级禁毒办基本都建有自己的专业禁毒类网站，从中可以了解到本地的禁毒资讯，学习到防毒知识。在国家层面，国家禁毒办、中国禁毒基金会与新华网合作创办了中国禁毒网，其资讯丰富，更新及时。

中国禁毒数字展览馆由中国禁毒基金会与北京市禁毒教育基地联合创建，展馆有知识库，读者可从中学习到系统的防毒知识。

禁毒类传统媒体：

《中国禁毒报》是国内最早的禁毒专业报纸之一，办报宗旨是：坚持正确的舆论导向和办报方向，广泛宣传国家禁毒法律政策，及时展示和交流禁毒工作成果与经验，深入探讨禁毒热点难点问题。《中国禁毒》杂志是公安部主管的禁毒类专业杂志，重点在深度报道、专题报道，也有禁毒科普类栏目。有些地方也有禁毒类杂志，或在公安类杂志报纸中有禁毒类内容。

禁毒类活动：

国家层面和各地禁毒办、禁毒社会组织会定期或不定期地组织开展各类活动，如禁毒知识竞赛等。

每年的 6 月 26 日是国际禁毒日，每年 6 月为禁毒宣传月，在宣传月和国际禁毒日期间，国家和地方都会组织开展各类禁毒宣传教育活动，包括在电视媒体举办禁毒公益晚会、展播相关广告，在各种易涉毒场所开展禁毒宣传等。

学校禁毒教育和教育基地：

国家和地方相关部门对禁毒专题课时都有要求，每年秋季入学会组织开展“五个一”“六个一”等活动，如参观一次禁毒展览、观看一部禁毒影片、上一堂禁毒课、开展一次禁毒征文比赛、开展一次主题班会等。各地也正在加强宣传阵地建设，禁毒教育基地越来越多，覆盖面越来越大。中国禁毒基金会还在全国各地建立了百余个禁毒图书角，图书角有各种禁毒类图书资料可供阅览。

2. 青少年如何远离毒品？

解释：

对青少年来说，生活是丰富多彩的。但是面对越来越复杂的社会形势，无形中增加了沾染毒品的危险。建立拒毒意识、保持健康心理、熟悉禁毒知识、明晰行为规则，是让青少年远离毒品危害的基本方法。

正意——建立防毒拒毒意识。充分认识吸毒的后果，了解一入毒品虎口极难脱身的道理。面对毒品，千万不要抱有侥幸心理，任何情况下都不能有尝试毒品的念头。

正心——保持健康心理。面对诱惑保持清醒和理智，不受好奇心驱使而“偷尝毒果”，不把堕落的吸毒行为当做“酷炫”来满足虚荣心，不受已经沾染毒品的同学、朋友用“友情”裹挟来获得认同感。

正识——接受禁毒教育。自觉学习毒品预防知识，了解禁毒法律法规，认清毒品给个人、家庭和社会造成的巨大危害，自觉抵制毒品。明辨是非，不轻信“毒品无害”之类的谎言。

正行——明晰行为规则。明白何事当为不当为，保护好自己的人身安全，不去 KTV、酒吧等环境复杂的场所，不接受陌生人提供的食物饮料，谨慎交友，主动做到与吸毒者绝缘。

3. 吸毒者为何会沾染毒品？

解释：

据统计，我国吸毒人群中 97% 以上的人首次吸毒都是受朋友邀请，而人们往往爱面子而不愿或不敢拒绝，从而跟毒品“结了缘”。

朋友为什么要“邀请”你吸毒呢？他必然有着不可告人的目的，绝大多数是为了卖毒品！很多吸毒者会采取各种手段引诱他接触到的人吸毒，比如说“吸食很时尚，有钱人才玩”“偶尔玩一玩可以彻底释放压力”“玩这个就是提神，还可以增加性能力和减肥”……经不住这些诱惑，就会上当。

因为对未知领域的无知，随之产生的好奇心推动着整个世界的进步。因为好奇，我们对未知领域有着无尽的探索欲望；因为好奇，我们让这个世界多姿多彩；因为好奇，我们让科技文明日新月异。

这么看来，好奇心确实是一个好东西，但《易经》有云：太极生两仪，两仪生四象。一件美好的事情背后，往往会有一个阴暗的反面……好奇心同样也让人类发明了毁灭世界的武器，爆发了令人谈之色变的病毒，研究出了全世界的公敌——毒品，使人们沉沦于毒品的地狱中。

那么，吸毒仅仅是出于好奇之心吗？他们不知道毒品的危害以及要付出的代价吗？恰恰是很多人对毒品的无知，看不清楚沾染毒品后的代价，才会被毒品诱惑。

1. 死要面子型

聚会上，碍于面子，对朋友递过来的毒品不好意思拒绝。这类人，他们知道毒品是有害的吗？知道，但危害是什么，他们说不出。那么既然是聚会上的朋友，明知递过来的是毒品，因为面子问题选择不拒绝，不吸不能融入这个圈子，那么踏出这一步就理所当然。常见于有成就的人士之间的社交。

2. 无知炫耀型

看到别人说很潮，不吸就落伍了。这类表现多在青少年，对于这些正在塑造价值观的青少年，缺乏对毒品的正确认识，加上迷恋的明星以及一些所谓的艺术时尚人士的吸毒，给他们感觉这是一种潮流，不跟随就落伍了。这也是为什么大众会对明星吸毒非常痛恨的一个原因，给青少年树立一个非常不好的“坏榜样”，要知道偶像的力量远远大于正面的教育。

3. 主动参与型

加入这个圈子，必须吸食毒品才能成为其一员。为了事业更好的发展，为了所谓的灵感，为了所谓的压力大，所以他们主动找到可以帮助他们事业发展的圈子，听从前辈所谓的“灵感来源”，解决所谓事业的压力，主动参与吸毒的，常见于明星、名人、公众人士。

4. 交友不慎型

被诱骗吸食，无法自拔。可怜之人必有可恨之处，此类属于明知山有虎，偏向虎山行。他们明明知道在某些场所人员复杂，却天真地认为这些人很有范儿，交个朋友不错，却不知道这是走向地狱的第一步。常见于初入社会，或是刚走出象牙塔的人。

5. 家庭环境型

在家得不到任何关爱，缺乏尊严、地位和呵护，为求解脱，走向吸食毒品之路。在接触过的部分吸毒人员，成长于单亲家庭中，父母的分离造成其自卑自闭的心理，还有一种就是父母从来给予他们的只是金钱上的数字，却少有温暖的亲情，这些人的成长环境是极度缺少关爱的，他们对亲情、呵护、尊严等都有极度的渴望。失望过后就有极度的叛逆，他们“理所当然”的给亲人以报复，因此在社会中稍微一点诱惑就滑向毒池中。

6. 情绪失控型

很大部分人，特别是积累了大量财富、知识的人群，在解决了生存和安全的需求后，陷入了一种寂寞空虚的状态，毒品成了一种寄托。

马斯洛需求层次理论中，当人解决了生存和安全的需求后，就会追寻情感和归属的需要，而在没有认清毒品真实面貌前，毒品仿佛成了情感和归属的需要。

还有部分人在失业、离婚、失恋、工作压力下，造成情绪极度失控，精神上弥漫着人生无望，整日焦虑不安，为了消除烦恼与焦虑，为了寻求解脱或逃避选择了毒品。

7. 愚蠢无畏型

盲目相信自己的意志力，证明给别人看，毒品一定能戒掉。

“毒品有什么难戒的，都是你们这些人吹的，我证明给你看。”这种言论就是这种愚蠢无畏的典型。当然最终也是因为自己的无知付出惨重的代价。通常这些人常见于吸毒者的亲人和朋友，他们认为吸毒人员不能戒掉毒品，就是因为不自制，没有意志力，希望通过自己吸毒然后戒毒以身示范。

8. 追寻性刺激

毒品与性，很多时候纠缠不清……有些毒品有提高性能力之效，当然付出的代价是极度消耗身体机能。但是这种对性有强烈需求的人，明知道这是饮鸩止渴，却依然踏出这一步，最终走向毁灭。

案例：“第一次”之后，面临的是无尽苦难

“一杆烟枪，听不见炮声隆隆，却打得妻离子散。”这是一名被强制戒毒人员心中的感受。他说，自己出于好奇，3 年前和朋友一起在娱乐场所吸食了冰毒，至今花费 10 多万元。对某强制戒毒所 230 名戒毒人员的调查发现，90% 的人都“怨恨第一次和自己一起吸毒的人”。面对这些曾经的吸毒者，我们提了一些您肯定会关注的问题。

问题 1：你第一次接触毒品时多大年纪？在什么场合，和谁在一

起？为什么会接触？接触的是哪种毒品？是否担心过上瘾？

刘某："我第一次接触毒品时才26岁，是和朋友在一起，就是感觉很好奇，是海洛因。"

李某："第一次接触毒品时我才19岁。那时我和男朋友在一起，因为拉肚子，我不知道男朋友从哪里弄来的海洛因，他让我吸了3口，当时根本不知道那是毒品，只知道是药品，一心只想赶快治好拉肚子，没有多想，也不害怕，我想男朋友还能骗我吗？"

宋某："2012年我第一次接触毒品，老公贩毒，我就跟他一起吸毒了。毒品是海洛因，只是感觉好玩，不知道危害性。"

蒲某："第一次接触毒品是2007年，当时是和朋友在一起，晚上无所事事看着别人吸，感觉好奇。我吸毒后心情非常紧张，想着偶尔一次无所谓，也不知道其危害，更不担心上瘾。"

闫某："第一次是朋友让我吸一口，这位朋友和我关系很好，当时想着就吸一口应该不会上瘾的。现在回想起来非常怨恨让我吸毒的朋友。"（来源：中国禁毒微信）

4. 吸毒行为如何能被检测出来？

解释：

吸毒检测的种类分为现场检测、实验室检测、实验室复检。检测样本为采集的被检测人员的尿液、血液、唾液或者毛发等生物样本。尿液是通过人体代谢出来的也是最准确的，唾液有合格的唾液检测试剂，但只能进行现场检测，结果为阳性的，还要继续保存尿液，以备实验室检测和实验室复检。血液和毛发在采集上有一定的要求，要求是由专门的检测机构进行。

一般来说，吸毒成瘾者尿液中毒品阳性可以维持 1 周以上。对于传统阿片类药物，吸毒后常常处于似睡非睡状态，一般来说如果停用毒品 24 小时吸毒者会表现出戒断反应，对于拒绝成瘾认定的病人也可进行成瘾的激发试验，皮下注射纳洛酮 0.4 毫克，病人可以出现典型的戒断症状，如流泪或流涕；心率加快、血压增高；瞳孔扩大、腹痛腹泻；打哈欠、打喷嚏；寒战、起鸡皮疙瘩或出汗等症状，一般病人都很难忍受。孕妇不宜进行成瘾的催促试验。（来源：北京互联网信息办公室、北京市禁毒教育基地管理中心、百度知道联合发布的《热搜十大毒品问题》）

5. 有人说，偶尔吸一两次毒，是不会上瘾的。这种说法对吗？

解释：

有的青少年认为自己是偶尔吸毒不会上瘾，或者别人吸毒会上瘾，但自己不会。这种说法是完全错误的。从人的生理角度来说，吸毒的成瘾性与所吸毒品的种类和人的个体差异有关。但实际上，依赖性是所有毒品的基本特性，吸食毒品都会成瘾。多数吸毒者有了第一次，就难免有第二次。

事实上，从身体依赖性来讲，吸毒一两次并不一定会上瘾，但心理依赖一定会有，因为吸毒会让人产生强烈的欣快感，且持续时间极长，因此吸毒一次，这种欣快感足以让你铭记一生。许多人即便是生理上戒断毒品后，但又会复吸，而且复吸率达到 95% 以上，全世界都无例外，即为心瘾难除。

“一朝吸毒，十年戒毒，终身想毒。”所以年轻人绝对不要轻信什么试一次不会上瘾的说法，也不能有侥幸心理，一次都不能尝试！

6. 面对同伴劝诱吸烟、尝试毒品等情况，应该怎样处理？

解释：

对青少年来说，在诱使吸毒的原因中，最重要的就是受同伴影响。据调查，有 70.1% 的人起先就明确知道吸毒是违禁的，但在朋友唆使、诱导下，他们刚开始被迫尝试毒品，逐渐成瘾后，会放弃甚至改变自身原有的价值认同，由被动吸毒变成主动吸毒。

许多年轻人在进入娱乐场所后会碰到有人问敢不敢玩“刺激”，最后被逼迫“你玩还是不玩”。而毒品在某种程度上迎合了青少年追求刺激的猎奇心理，很容易诱导青少年走上不归路。在同伴压力下，一些年轻人只有痛快地作出肯定性的回答，才会被这个群体所认同。好奇心和来自同伴的压力如同两只魔爪，将青少年拉下深渊。

同伴压力在青少年吸毒问题中起着不可小视的作用，同伴的影响甚至居于青少年吸毒原因的首位。同伴压力、“圈子影响”是青少年涉毒最重要的诱因之一。

（漫画作者：何能）

很多吸毒的青少年都有类似的遭遇，即起初是交了一群不良少年为朋友，虽然此前在学校受过禁毒教育，但有不良朋友告诉他：“怕什么，你看我不是好好的吗？”有些不良朋友更会不断地刺激他：“这个也不敢，你还算不算个男人？”最后导致他们在明知毒品有危害的情况下，逐渐吸毒成瘾。而女孩则往往受到同伴影响，对毒品产生错误的认知，认为可以使人变苗条、更有魅力、可以减轻病痛，等等。

那么，面对同伴压力，青少年该如何拒绝呢？

1. 明确拒绝并解释为什么不，比如直截了当说明：“不！我不想尝试，因为我明白它的伤害有多大。”

2. 提出一个替代的想法，比如“抽什么烟呀，咱们去看个电影得了。”

3. 离开！“不好意思，我马上要去送个东西。”

4. 真诚对待：“真正的朋友不会强迫我做任何不愿意做的事情！”

5. 转移对方的注意力，开玩笑地把东西一掰两半，“搞定，都不用抽了！”

相对于青少年，身为家长该怎么做呢？

首先，家长一定要知道自己的孩子都在接触什么人，和朋友在外面做什么。工作再忙，也要找机会认识一下孩子的朋友，观察孩子和朋友怎么互动，判断是否获得了进步和成长。如果发现孩子在同伴关系中有不良情绪或有害的行为，一定要及时干预，避免孩子越陷越深。事实上，在孩子青春期开始前，家长就要告诉孩子交友之道：友情和爱情有相似之处，都有一定的规范和原则，比如坦诚、互助、善良、尊重、妥协等。

仔细想来，当家长为孩子的迷失责怪社会和环境时，其实家长已经忘记了自己的责任——家长可能从来没有正视孩子们从幼年一路而来的自我价值认同的寻找和需求；是家长自己在不断的保护与让步中鼓励孩子妥协，将自己的价值定位在被同伴接纳上；是家长从来没有双眼正视孩子们的明眸，将家长所信的尽心尽意地告诉他们、并切身地带领他们去认识这个世界，自己有了清晰的自我价值认同，自信才有根基。

7. 如何辨别娱乐场所内是否有涉毒违法犯罪行为？

解释：

1. “两看”：主要看是否有吸管、锡箔纸等吸毒工具；看是否有人长时间的摇头、晃动身体表现出异常地兴奋等肢体动作。

2. “一闻”：主要是闻场所内是否散发出大量刺激性的气味。

辨别出吸毒人员：

1）从吸食毒品场所来区分。海洛因、大麻等属于麻醉类毒品，吸食人员一般会选择较隐蔽、安静的地方，如家中、宾馆客房、洗浴场所的包房内等；而冰毒、摇头丸、K 粉等兴奋剂类毒品的吸食地点大多集中在迪吧、KTV 包房等娱乐场所和能够提供音响设备的民宅、宾馆客房等地方。

2）从吸食毒品工具上进行识别。海洛因的吸食方式包括注射、烟抽等，注射器、针头是注射海洛因的必备工具，纯净水被用作海洛因的稀释剂；匙子、锡纸、打火机则是烟抽海洛因的工具；而 K 粉的鼻吸工具通常是吸管和小碟；摇头丸一般用啤酒等饮料送服。

3）从吸食毒品方式给人体留下的痕迹进行识别。海洛因等麻醉类毒品常用的吸食方式是注射，注射部位包括臂膀内侧静脉、手背部、双腿脚、腹股沟处等。由吸毒嫌疑人身体表面注射后留下的痂皮判断其是否吸食海洛因等毒品。冰毒需要水过滤来吸，烟气经过口腔，舌头上会出现白色的舌苔，又白又厚，牙齿磨损严重。K 粉是通过鼻子吸入，长期吸食会老是流清鼻涕，鼻子一吸一吸，如刚吸食完鼻子边还可能残留 K 粉粉末。

4）从吸食毒品后表现症状上识别。吸食海洛因等麻醉类毒品后会倦睡，沉浸在半麻醉状态中，瞳孔缩小呈针尖状；吸食摇头丸、K 粉后表现为活动过度、性欲亢进、嗜舞、妄想以及出现幻觉和暴力倾向。

吸食摇头丸者一般在特定条件（如强节奏乐曲）的刺激下会产生强烈的吸食愿望。

8. 互联网易涉毒途径主要有哪些？

案例：

2017 年 4 月，天津市公安局北辰分局禁毒支队与市局禁毒总队再次联手，侦破一起以人体藏毒方式运输毒品的案件，收缴毒品海洛因 347.842 克。

李某是河南省人，曾在北京做过保安，因嫌挣钱少辞职，后到苏州务工。2016 年年初，李某在苏州务工时，为获取“外快”，竟偷盗他人的电动自行车，后被警方抓获。李某因盗窃罪被判处有期徒刑 9 个月。李某被释放后，回到老家，游手好闲，不务正业。2017 年 3 月 17 日，李某通过手机登上一网站，发现有招募运输货物的广告，且对方承诺运货人每运一次货物可获得 15000 元的酬劳。李某看到广告后，立即与对方取得联系，并称自己愿当运货人。4 月 2 日，李某按招募方的安排，从河南老家乘长途客车到南京，然后乘坐飞机前往云南昆明，再乘长途汽车到达瑞丽。到瑞丽后，对方“收缴”了李某的手机，并把其手机刷新，然后再输入新的数据，并使用李某身份证、银行卡为其安排行程，定购飞机票等。

第二天，李某在对方的监督下吞下了70颗胶囊状海洛因，对方答应给李某12000元酬劳，并支付所有机票费、长途客车费、旅店费、饭费等。4月7日早晨，李某从瑞丽乘坐长途汽车到丽江。4月8日早晨，李某从丽江乘飞机抵达天津，于当日上午10:50在天津滨海国际机场落地。之后，李某准备再从天津乘机场大巴客车转外省市交货。

次日早晨，天津公安北辰分局禁毒支队与市公安局禁毒总队联合采取行动，及时赶到天津滨海国际机场，并在天津机场公安分局的配合下，将李某抓获。李某供认了以人体藏毒方式运输毒品的犯罪事实。7个小时后，李某排出了70颗胶囊状海洛因，合计347.842克。（来源："中国禁毒"微信）

李某指认所运输的毒品。

案例2：1.2吨毒品竟在淘宝服装店公开售卖！

安徽省太和县的刘某是一名"瘾君子"，一次偶然的机会，他通过朋友圈得到国家管制类精神药品的配方，开始在老家生产，并在网上销售。

出租房现管制药品

2016年4月28日下午，长丰警方在双凤开发区开展例行检查时，发现某小区一间出租房内散落着一些药品。

“因为民警觉得这些药品来历不明，就把线索移交给我们。”长丰县公安局刑警大队民警刘叶帆介绍。他们通过调查，发现出租房里的可待因口服液、芬太尼片剂竟是国家管制的精神药品。

“根据相关规定，国家管制的精神药品属于刑法意义上的‘毒品’。”刘叶帆说，为弄清这些“毒品”的来源，长丰警方掌握相关证据后，在6月底对出租房展开突查，现场查获可待因口服液、芬太尼片剂共计1.2吨。

“这些口服液和片剂都是成品，我们现场将嫌疑人刘某控制。”据办案民警介绍，刘某今年41岁，老家在安徽省太和县。

网上开店对外销售

刘某交代，2015年上半年，他在新疆一家企业从事制药工作，不慎沾染上冰毒并上瘾。后来，他觉得冰毒不好买，而且价格贵，便寻找管制类精神药品作为替代品。

一次偶然的机会，刘某通过朋友圈获得了可待因口服液及其配方。为了获取不法利润，同时满足自己需求，刘某辞去工作回到太和老家，开始自己制造、销售可待因口服液和其他管制类精神药品。

“他自己也知道销售管制类精神药品是违法行为，为了掩人耳目，他还在淘宝网上开了家网店，对外宣称是卖衣服的，但实际上是从事此类药品的销售。”办案民警介绍。

2015年年底，刘某为躲避警方打击，同时为了扩大生产和销售规模，来到长丰县双凤开发区租了间房。可他没有想到，他网购的生产设备和原料还没运到出租房，就被警方查获。

两名同伙相继落网

“我们发现，查获的1.2吨可待因口服液、芬太尼片剂都是成品。”民警讯问刘某得知，可待因口服液是其在老家生产后运过来的。可是，当警方找到刘某老家时，生产窝点已经人去楼空。

民警进一步深挖得知，刘某是从“上线”卢某那里获得的可待因口服液配方。8月初，民警赶赴河北唐山，将卢某抓获归案。令民警吃惊的是，卢某今年只有26岁，曾在新加坡留学，还在当地机场工作过。

“卢某的英文非常好，对国外的制药配方很有研究。”民警介绍，卢某后来觉得机场的工作太辛苦，便回到国内以“麻醉师”自居，并通过不法渠道获得国家管制类精神药品的原材料和配方。

长丰警方介绍，他们将刘某、卢某抓获后，顺藤摸瓜又抓获了另一个嫌疑人黄某。（来源：“中国禁毒”微信）

解释：

互联网涉毒犯罪途径

违法犯罪分子在互联网上吸贩毒的行为，可分为教唆传授型、毒品交流流通型和场所型。教唆传授型是行为人利用网络通信工具、论坛、贴吧、聊天室，以文字、图片、语音、视频等形式，借助网络暗语、隐语，非法传授制毒方法；行为人在网络上宣扬吸毒快感，引诱、教唆他人吸毒。毒品交易流通型是行为人借助医药、化工类以及电子商务类网站或者租用服务器自建门户网站。场所型通常表现为多人利用网络聊天室聚众吸毒，以通话或视频形式交流吸毒感受、观看表演视频等。

虽然互联网涉毒行为较为隐秘，但总有一些常用的手段、特征、信号。

注意这些暗语

吸贩毒者一般都会用暗语来交流，比如冰毒，一般都会用肉、猪肉、奶茶、牙签等替代，而吸冰毒则多用溜冰、泡泡、打呼噜、烧开水等暗语。其他还有很多与毒品相关的暗语，如：本科、四号、海海、小海、嗨、打 K、海白菜、小马、马儿、籽籽、出肉等。毒贩还常常打着卖茶叶、饮料、香烟、巧克力等幌子贩毒。为了逃避打击，吸贩毒暗语也是层出不穷，网友需有意识地注意该方面信息，远离信息源。

防范某些非请莫入的论坛

2014 年被警方查封的“飞行中国”论坛就是一个专业的大麻种植交易论坛。截至 2014 年 11 月 4 日，该论坛注册会员已经达到了 5931 人。创建 4 年来，论坛内部发布的交流帖子超过 18 万件。

在这个论坛里，“农夫”是“种大麻”的暗语，大麻等毒品被称为“燃料”，而吸食“燃料”的人则是“飞行员”。

防范莫名被拉入的各种群

2015 年，辽宁省公安机关在侦办一起网络涉毒专案中，发现涉毒 QQ 群 69 个，涉毒 QQ 号码 20000 多个。北京市侦办的特大网上贩卖大麻案发现涉毒 QQ 群 21 个，涉案人员 7200 余名。黑龙江省公安机关侦办的特大网络涉毒案，发现涉毒 QQ 群 170 余个，网上涉毒虚拟身份超过 10 万个。

微信是朋友之间的交流工具，通过微信结交毒友共犯吸毒、在朋友圈里贩卖毒品的情况近年来日益严重，要特别注意防范被拉入的微信圈。要加入某个即时通信工具的圈子时，要特别注意 QQ 空间、微信朋友圈、陌陌动态里的相关介绍、留言等。

防范网店挂羊头卖毒品

2014、2015 年，全国许多地方查获多起网店挂着羊头买卖毒品的案件，“网购 + 寄递”已经成为毒品犯罪分子贩卖毒品的新手段。

防范 SNS 社交网络、微博涉毒

前几年，一条贴上大麻叶子的照片的微博被转发上千次，瘾君子和毒贩通过微博和各类社交网络联络吸贩毒。各类社交网站、微博也是毒品违法犯罪的重灾区。

9. 毒贩推销毒品的常见手段是什么？

解释：

生活中，毒贩为了诱使他人吸毒，会传播各种谎言，制造各种陷阱。毒友为了拉你下水，往往采取“动之以情”的策略。我们必须提高警惕，科学正确地认清毒品危害，才能识破陷阱、保护自己。

免费尝试，诱你上钩：大部分吸毒者第一次吸毒都是由毒贩或其他吸毒人员免费提供毒品，不法分子多以这样的方式诱惑不吸毒的人，待其上瘾后再与之进行毒品交易。天下没有免费的午餐，在诱惑面前不能贪图小利，要坚决拒绝。

身边无毒，无须预防：吸毒、贩毒是隐性的非法活动，普通人确实很难看到。但有的人正是因为无知而误入毒品陷阱。毒品最大的危险，就在于很多人对其危害认识不深，甚至存在好奇心，结果受人引诱而沾染毒品，无法自拔。

毒品奇效，减肥治病：毒贩声称合成毒品可以减肥、止痛治病，实际情况是，吸毒不仅损害面容和身体，还摧残人们的意志，致病甚至致命——吸毒成瘾后的“瘦”，正是器官受到大幅损害，吸收能力下降导致面目枯槁，仿似骷髅般生机衰竭。

吸毒时尚，流行高档：毒贩利用一些人贪慕虚荣的心理，将毒品包装成财富、时尚和档次的象征，诱惑不明真相者，尤其是青年人沾染毒品。毒品只会让人疾病缠身，精神崩溃，绝非奢侈和时髦的代表，不要受一些不良风气的影响而走上不归路。

（漫画作者：何能）

毒品解忧，毒品消愁：为了制造出新的“客户”，毒贩会与你谈心，假装关心你的生活，在得到你的信任后趁机推销毒品。我们要正确看待生活中遇到的各种挫折，合理排解，靠毒品制造的幻觉逃避只会让你遇到更多麻烦而非解脱。

都是朋友，不吸绝交：面对你的推脱拒绝，毒贩或其他吸毒者会采用激将法，指责你“不够朋友”或“不讲义气”，甚至你不跟着吸就要与你绝交。请记住，这些无视毒品可能导致你家破人亡的人，配不上“朋友”二字，请主动远离这样的“毒友”。

上瘾无忧，戒毒搞定：一朝吸毒，终生难戒。世界上不存在戒毒特效药，吸毒成瘾后，戒毒异常困难。吸毒造成的心理依赖像在人脑部扎根一样，难以去除。毒瘾发作的痛苦导致吸毒者难以控制自己的行为，会不顾一切寻找毒品吸食，无力摆脱。

吸毒伤己，无关他人：吸毒不仅害己，它更会危及家庭，并会导致各种暴力犯罪。如海洛因等传统毒品吸食者通常为了获取毒资杀人、抢劫、盗窃；而合成毒品吸食者由于吸食后出现幻觉、极度兴奋、抑郁等精神症状，从而导致行为失控造成暴力犯罪。

吸毒无害，不会上瘾：吸毒一时爽，戒毒一生难。劝诱吸毒的毒贩常用骗术就是称海洛因、鸦片是毒品，谎称合成毒品不是毒品、不会上瘾。事实上，新型毒品会产生顽固的“心瘾”，无数吸毒者的亲身经历证明：一日吸毒，永远想毒，终生难戒毒。千万莫尝第一口！

10. 新型毒品有哪些伪装？

解释：

毒品经常伪装为生活中常见的零食、饮料，由于这类毒品的包装与正常商品无异，极易让人在不知情的情况下误服误用。青少年尤其要警惕这种披着伪装的毒品。

另外，不法分子在引诱人吸食时还会宣称“这不是毒品，不会成瘾，仅仅是让人兴奋，不会伤害身体”……殊不知，伪装背后是毒魔！这些“食品”“饮料”之中往往隐藏着冰毒、K 粉、摇头丸等新型毒品乃至多种毒品混合物。多种药理作用相反或相似的毒品混在一起，使用后对身体造成的伤害难以估计，极可能导致毒效加剧，甚至会直接致死！

奶茶：这类毒品在外观上仿造独立包装的奶茶、咖啡、铁观音茶叶等，实际上是掺杂有冰毒（甲基苯丙胺）、K 粉（氯胺酮）等毒品的混合物。

邮票：这是被伪装成类似“邮票”和“玩具拼图”的合成毒品，薄薄纸面印有彩色图案或花纹，常被当成艺术品、粘贴画或玩具，但它却是有毒的迷幻剂。

饮料：神仙水、开心水等液体毒品，多采用类似口服液的 15ml 玻璃瓶装，它可溶于水和饮料中，隐蔽性非常强。

果冻：近年来，不法分子将毒品制作成“果冻”形半透明胶体，据检测，其主要成分为各种新精神活性物质，例如 γ－羟基丁酸这种成瘾性极强的麻醉剂。

干花：这通常是大麻类毒品的替代品，不法分子将 K3 稀释后浸泡在花叶上再晒干，诱人吸食时伪称“这只是一种好闻的花儿”，使人不知不觉成为毒品受害者。

巧克力：毒品巧克力在世界各国均有发现，多通过邮政、快递等物流贩运，其中掺杂的毒品种类多为可卡因、大麻等。

2016 年 3 月，广州海珠警方展示其查获的以咖啡、巧克力为外包装的毒品。

跳跳糖：这种毒品多呈碎片或颗粒状，包装与跳跳糖类似，遇水即溶。它往往是多种毒品的混合物，会造成大脑亢奋等不良反应。

茶叶：这种新鲜时像苋菜，晒干后如茶叶的植物，实际上是含有卡西酮的恰特草，极易精神成瘾。如果有人递给你这么一片“茶叶”让你尝尝，千万要说不。

再次提醒广大青少年，远离情况复杂的娱乐场所，不接受来历不明的陌生人提供的零食、饮料等；不熟悉的人请你吃东西、喝饮料前，要检查包装是否被拆开或经过二次塑封；在夜店之类的场所中，最好不要喝离开过自己视线的饮料；误食后如身体不适或头晕，要尽快离开现场或报警求助。

案例：毒品伪装巧克力，搬运工偷吃进医院

托运的袋子破损，掉出了疑似巧克力的物品，嘴馋的搬运工私自拆开当成巧克力吃了起来，结果被送医院抢救才知道那物品不是巧克力而是毒品。由此也牵出了一起贩毒案。

2013 年，江西九江的大学生石某通过百度贴吧，认识了一个住在美国加州旧金山名叫 David 的网友。David 在贴吧中发了一个他种植的一种绿色植物的帖子，石某跟帖询问。David 坦言是大麻，并向石某推荐和介绍吸食方法。石某拒绝了。2014 年 2 月的一天，无聊的石某向 David 索要大麻吸食。于是，David 通过邮政速递，从美国加州旧金山市给九江市的石某快递了一个邮件，内有 19 袋长条状疑似巧克力的物品和 4 袋晒干的绿色植物，伪报品名为糖果、巧克力、薯片、饼干，企图逃避海关检查。快递件在昌北国际机场搬运过程中出现破损，掉出 3 袋疑似巧克力的长条物品，被快递搬运工人程某等两人捡食。食用后，两人出现身体不适，经送医院救治及尿样检测，结果均呈阳性。

公安机关将快递件中疑似巧克力 16 袋、4 袋绿色植物以及程某等两人食用后剩余的疑似巧克力予以扣押。经过称重，两人食用后剩下

的疑似巧克力分别净重 18.61 克、55.09 克，剩余 16 袋长条状疑似巧克力净重 846.02 克，4 袋干叶状绿色植物净重 406.31 克。经南昌市公安局司法鉴定中心鉴定，上述疑似巧克力均含有四氢大麻酚成分，4 袋干叶状植物均含有大麻酚、大麻二酚、四氢大麻酚成分。石某被捕。

（漫画作者：赖佳音）

法院一审认为，石某无视国家法律，走私毒品共计 919.72 克和大麻叶 406.31 克，其行为已构成走私毒品罪。鉴于其归案后如实交代犯罪事实，法院一审判处其有期徒刑 2 年，处罚金 2 万元。（来源：中国禁毒微信）

11. 哪些食物、饮品中容易被人“下药”？如何防范被人“下药”？

解释：

在娱乐场所，奶茶、咖啡粉、茶叶包、罐装饮料、果冻、巧克力、糖片等最容易被贩毒分子“下药”，对此应小心防范。

（1）不接受任何人给你的饮料，去应征工作，到陌生的场合或不熟的人家做客，不要喝别人倒好的饮料。要喝，也喝还没开封、自己亲手打开的饮料。不要因为不好意思而牺牲自己的安全。

（2）一定要自己打开饮料。在酒吧等地，绝对不要接受人家请你、拿给你或帮你开的饮料，即使对方是女孩子，或是你认识的人。如果是向吧台买饮料，也该看着工作人员为你打开，倒入杯中，并且亲自递到你手中。

（3）尽可能点有盖密封的饮料。用广口玻璃杯装的调酒是最好下手的饮料，如果被下药也最不容易被发现。因此有盖子的瓶装矿泉水是最好的选择，汽水和果汁其次，最好不要点含酒精的饮料。

（4）特别小心朋友的朋友。利用强奸药片得逞的强暴案，最常发生在认识的人之间。或许你以为和一大群人一起出去，你是安全的，但在许多案例中，加害者都是和一群人一起下手。所以，当你和一群朋友，还有朋友的朋友出去，事实上是你最该小心的时候，因为熟悉的人容易使你放松戒备，而许多犯罪正是在被害人放松戒备的时候得逞。

（5）对熟朋友或女孩子也不能掉以轻心。台湾地区曾出现过熟人和女性共犯涉入的 FM2 强暴案，利用熟朋友或女孩子下药可以降低对方戒心，并且容易得手，因此对于朋友和女孩子拿来的饮料也不可以接受。朋友的朋友是最容易得手的人。

（6）不要叫你的朋友帮你看饮料。你的朋友可能会分心，会被转移注意力，会忘记，或者她（他）根本不像你想象中那么值得信任。自己才是最值得信任的人。

案例 1：女生和“朋友”吃夜宵被下药暗算

2013 年 9 月，刚毕业的女大学生张某陪朋友吃夜宵，不料喝了朋友下了毒品的啤酒，她情急之下拨打亲人电话求救。经过一番斗智斗勇，张某在亲人的帮助下终于脱险，并向当地派出所报案。

张某是百色人，大学毕业后到钦州工作，一直住在姑丈家。3个月前，在一次偶然的机会，她认识了一男子胡某，两人时常有联系，并在一起吃过饭。胡某是湖南人，常打电话约张某吃夜宵，但她均委婉拒绝。2013年9月5日晚，张某再次接到胡某的邀请，此次碍于情面，就答应了。她跟着胡某来到钦州市兴业路一家粥店，只见几名陌生男子已入座。

“他们都是我的朋友，大家出来聚聚。”胡某介绍道。张某见胡某等人喝啤酒，她为安全起见只喝茶。席间，张某临时有事离开10多分钟，回来后看见胡某热情地递来一杯啤酒，感觉盛情难却，同时想到胡某为人还不错，就一饮而尽。约10分钟后，张某突然感觉身体不适——头很晕，且四肢无力。此时，她强行让自己镇定下来，想到自己的酒量不错，不可能因为一杯啤酒而喝醉，根据自己的症状突然想到姑丈曾提起的下药骗局。姑丈曾提醒过她“钦州曾发生在酒里、饮料里下药的案件”，嘱咐她要注意安全，不要喝陌生人给的饮料。此时，她猜测自己喝下的啤酒可能被胡某下了药。

“我被人下药了，姑丈你快来……”张某迅速打电话给姑丈，朝着手机大喊呼救。与此同时，她通过喊叫让自己尽量保持清醒，不要晕厥，以便等待亲人来营救。胡某看到张某的情况，知道药效起作用，为掩人耳目便大声说：“我朋友喝醉了，我们送她回家。”接着，胡某和同伙连拖带拽，强行拉张某上面包车，她奋力反抗。突然，胡某看见张某的姑丈跑了过来，连忙叫同伙驾乘面包车逃走。

在一番斗智斗勇下，张某为自己获救创造了宝贵时间。张某的姑丈随后打电话报警。红阳派出所的民警对张某的尿样进行检测，发现含有毒品K粉，确定张某喝下一杯掺有毒品的啤酒。

据民警介绍，钦州曾破获两起下药案件：一男子被人下药后，被带去赌博，结果被骗了不少钱；一名14岁的女孩出去玩时，喝下被人下有毒品的啤酒，结果染上毒瘾，不得不为下毒者贩卖毒品，以贩养吸。最终，这名女孩和下毒者均被警方擒获。喝下带有毒品的啤酒，会头晕，且浑身没有力气，很容易被不法分子有机可乘。张某喝下掺有毒品的啤酒后，能够与不法分子不断周旋，从而获救，实属不易。

6日，张某清醒后来到该派出所报案。警方根据张某提供的线索抓获胡某等人。警方提醒广大市民，一是交友须谨慎；二是外出聚餐或游玩时，切勿喝陌生人给的或来路不明的酒和饮料。掺毒品的饮料第一次无意喝到不会上瘾，一旦被人骗喝应及时报警，并向他人求救。（来源：中国禁毒微信）

案例2：晕乎消费者给服务生下药

在京打工的赵某首次尝试吸毒后，自感“晕晕乎乎”的，同时他还好奇别人接触冰毒后会是什么反应，于是在歌厅喝酒时，趁陪酒的服务生小宋不备，在小宋酒杯中“下了料”。事后小宋身体不舒服就医后查出体内有甲基苯丙胺成分，遂报警。赵某因欺骗他人吸毒罪获刑8个月，并处罚金2000元。（来源：北京晨报）

12. 如何识别火锅和食物中的罂粟壳?

解释：

（1）从外观上识别。罂粟壳，俗称大烟壳，罂粟科植物罂粟的干燥果壳，呈椭圆形或瓶状卵形，多已破碎成片状，直径1.5～5厘米，长3～7厘米，外表面黄白色、浅棕色至淡紫色，平滑，略有光泽，有纵向或横向的割痕，顶端有6～14条放射状排列呈圆盘状的残留柱头；基部有短柄，体轻，质脆；内表面淡黄色，微有光泽；有纵向排列的假隔膜，棕黄色，上面密布略突起的棕褐色小点；气微清香，味微苦。罂粟壳含有20多种生物碱，以吗啡、可待因、那可丁、罂粟碱等为主要成分。

有人会将罂粟壳和草果或者白豆蔻弄混了。草果和白豆蔻都可作为调料和药材，但它们和罂粟壳在外观上还是有些区别。罂粟壳头顶有个貌似菊花的柱头，与纹路明显的草果壳相比，罂粟壳身较为平滑，形态较为饱满，并留有取汁的划痕，罂粟壳基部特有的短柄，也是草果和白豆蔻所没有的。

（2）初次吃加了罂粟壳的火锅和卤制品后，一般有心跳加快、脸微红、口感舒服，吃后不易入睡等感觉。

（3）如觉得吃的火锅和卤制品可疑，要揭露这种犯罪，就需要留下不少于50ML的火锅汤（最好取下层含油少的汤，送到当地的毒品检测机构或公安局的刑事技术化验室进行成分分析。

案例：入职体检被查出“吸毒”？太冤枉了！

小张是四川乐山市五通桥区人。2016年8月9日，即将迎来新工作的他，一大早就出门前往医院进行入职体检。但让他始料不及的是，体检结果显示：尿液中毒品反应竟然呈阳性，疑似含有毒品代谢物。

“别说吸毒了，毒品我连见都没见过。”小张百思不得其解，连连向用人单位叫冤，问医院是不是搞错了。在得知检查结果准确无误后，小张苦苦思索其中原因。最终，他想起体检当天早上，自己在五通桥城区钟楼街一家面馆吃了一碗刀削面。

“会不会是刀削面有问题？”越想越觉得可疑，小张随即报了警。当地警方将案情通报给了食药监部门，执法人员随即赶到该面馆调查。果然，提取的样品检测结果显示，汤料中含有罂粟成分。

当事面馆老板谢某承认，自己“秘制”的汤料中，加入了少量罂粟壳。随后，谢某被依法刑拘、逮捕，案件于2016年11月诉至乐山市五通桥区法院。近日，法院进行了审理，并作出了一审判决。

法院审理认为，被告人谢某在其生产销售的食品中掺入有毒、有害的非食品原料罂粟壳粉，其行为已触犯刑律，构成生产、销售有毒、有害食品罪，应追究刑事责任。案发后，被告人谢某能如实供述其主要犯罪事实，应依法从轻处罚。

最终，法院判决：被告人谢某犯生产、销售有毒、有害食品罪，判处有期徒刑一年，缓刑一年，并处罚金1000元。（来源：中国禁毒微信）

13. 吸毒真的能减肥吗？

解释：

有一些毒品确实抑制人的食欲，让人不吃不喝，还可以透支人的潜能，但从生理上来讲，这叫做“生理性的干枯”。

毒品对人体各个系统，比如呼吸系统、免疫系统、泌尿生殖系统等都会带来很多异常的改变和功能的衰退；长期吸食海洛因的女孩子会月经失调或闭经，丧失生育能力；男孩子没有性欲，全身处于极度的衰竭状态，全身消瘦。毒品破坏人体正常的生理机能和免疫系统，对于人体的神经、呼吸、心脑血管、胃肠道以及支气管等组织和器官都有明显的破坏作用。

合成毒品通过作用于大脑起到减肥或者是抑制食欲的作用，如反复使用，大脑会发生适应性的改变，减肥的作用就会慢慢减弱，必须通过不间断使用才能够维持所谓的减肥效果，而长期使用毒品会使脑部发生病理性改变，从而导致大脑组织损伤及诸多人体功能的损坏。

综上所述，与其说吸毒是在减肥，不如说吸毒是在减命！

14. 有偿带货会存在什么风险？

案例 1：入境有偿帮带“红酒”，带出了大问题！

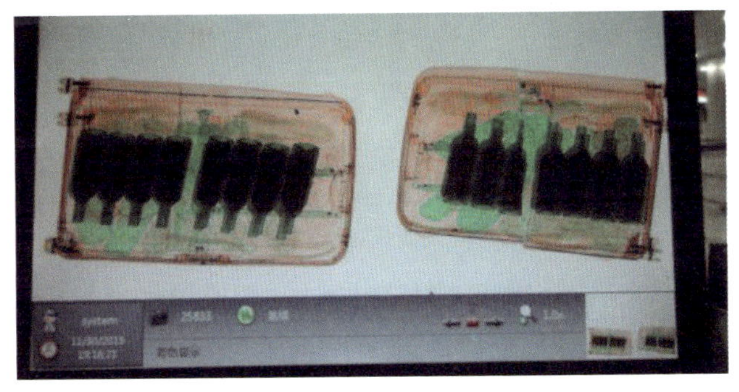

2015 年 11 月 30 日，两名中国籍旅客自巴西圣保罗出发，经埃塞俄比亚转机飞抵上海浦东机场入境。此前，上海海关根据前期线索，已将两人列为重点怀疑对象。

海关对他们托运的 5 件行李进行开箱查验后，发现其中 2 个行李箱内装有32瓶不同品牌的“红酒”。经初检，瓶内液体呈毒品阳性反应。后经鉴定，这些酒瓶内的液体均含可卡因成分。

经审讯得知，犯罪嫌疑人刘某（男，24岁）和吴某（女，25岁）系夫妻关系，在巴西圣保罗务工、经商。该夫妇回国前一天，接受名为“林某”的华人男子委托，将2个存有“红酒”的行李箱携带入境。为此，“林某”支付吴某巴西币900元、美金300元（合计约为人民币3200元）的“劳务费”。

两名嫌疑人有过有偿带货的经历，这次本想通过带货赚点外快补贴旅费，却没想到由于涉毒数量巨大，他们有可能面临死刑的刑事处罚。（摘编自“上海海关12360服务热线”微博、黑龙江晨报）

上海海关截获的有毒红酒。

案例2：网上应聘“免税货员”，没想到却是被挟持运毒！

张某今年20岁，是一名在读大学生。2016年年底，他在某兼职网站上发现了一则“高薪聘请”海关免税货员的消息。交谈后得知，对方需要他帮忙“运免税货”，只要几天时间，并许诺每趟给他10000元的报酬。急于赚取零用钱的张某于12月29日从咸阳飞至昆明与“老板”对接，当得知是要他运送毒品时，张某拒绝，不料却惨遭毒打，

被对方威胁不合作就会被杀掉，最终急于回家的他答应了帮忙运毒。结果被警方截获。（来源：中国禁毒微信）

解释：

公安机关提醒：年轻人应增强防范意识，警惕那些别有用心的“网上交友”“网上招聘”，不要随意帮陌生人托带、收寄不明物品，更不要铤而走险，走上犯罪道路。

不只是机场托运，如果有熟人知道你要出入境后，提出让你带东西，除非你非常了解对方的底细，确定知道要带的东西是什么，否则还是婉拒为好。

即使对方真是毒贩的可能性很小，也不要冒这个险，因为一旦不是你所想的那样，你的一生可能就完了。

记住：尽量委婉地回绝别人的帮带要求；作为朋友，尽量不要主动提及这样的要求，以免大家尴尬。

不要贪图一点“帮带费”，占便宜的后果往往是吃大亏。

千万不要在机场、车站帮不熟悉的人或刚刚认识的人分行李空间。

我国《刑法》规定，运输毒品无论多少都属犯罪，最高可判死刑！如果你没有不知情的证据，在法律上就没法认定你不知情。很多真正的毒贩被抓后，也都是一口咬定自己不知情，只是帮人捎带等。

15. 朋友圈里所说的“聪明药”“学习药”到底是什么？

解释：

所谓的“聪明药”大多由 3 种药品组成：Adderall（阿德拉），Modafinil（莫达非尼）和 Ritalin（利他林）。这 3 种药品原本是用来帮助多动症患者（ADHD）保持镇定的处方药，但现在却被某些学生用作考前突击的兴奋剂，来刺激大脑保持注意力、增加短期记忆力，还美其名曰“聪明药”“学习药”。

利他林（Ritalin），是哌醋甲酯（Methylphenidate）的商品名，是一种中枢神经兴奋剂，被广泛应用于注意力缺陷多动障碍和嗜睡症的治疗。其作用是抑制去甲肾上腺素和多巴胺的再摄取，使这些神经递质的浓度和强度大幅提高。哌醋甲酯和可卡因在结构和药理上有相似之处，但哌甲酯的效力低于后者，药效长于后者。

这一药品在全球范围内基本都受到不同程度的管制。在中国，利他林属于第一类精神药品，与麻醉药品一样，被强制管制！

案例：滥用者说

高考数学考试前一个小时吃了半片，大概5mg。考试的时候明显心跳加快，而且快到略痛的感觉。然后脸上有发烧感，出汗，呼吸加速。觉得喘不过来气，发挥反而不理想……

解释：

莫达非尼（Modafinil）是一种中枢兴奋药，起源于20世纪70年代一系列二苯甲亚硫酰基化合物的合成，主要通过刺激多巴胺能神经产生觉醒作用。多巴胺能神经系统中，D1和D2受体是莫达非尼产生促觉醒作用的必要受体。莫达非尼影响GABA、去甲肾上腺素、Orexin和组胺能神经系统的递质释放，可能是觉醒作用的继发效应。主要用于治疗嗜睡症。

但80%为非嗜睡症人士使用，由于莫达非尼具有强烈且持久的觉醒作用，因此在美国被私下用来帮助集中注意力，提高工作效率。在中国，莫达非尼属于第一类精神药品，被严格管制。

案例：滥用者说

个人服用 Modafinil 的经历最严重的一次是 7 天里总共只睡了 21 小时左右，在后期常常就是坐在那儿发呆，而且常常很焦躁，严重到一支笔掉到地上都要发火很久。所以有人称他是所谓的“僵尸药”确实很对。

解释：

阿德拉（Adderall）是被批准用于治疗注意力缺陷与多动障碍症（ADHD）以及发作性嗜睡症的处方药，并且被列为管制药物。它含有 4 种活性成分——右旋苯丙胺糖酸盐、天冬门酸安非他明、硫酸右旋苯丙胺和安非他明硫酸盐。要知道，安非他明相关的药品几乎都与“危险”沾边。

案例：滥用者说

嘴干、热、心跳加速、嘴里完全不分泌口水，每天刷牙感觉在干刷。失眠、累，但是睡不着。

依赖性绝对有！而且，依赖性很强。药效过去了就觉得自己是个垃圾，于是又赶快吃一颗续上，导致我一开始续了 3 天差点死掉。

案例：滥用者说

跟你说，千万别尝试！我在美国读书，现在在吃这个药，这有很大的药瘾性，我现在才高中而已，已经明显感觉到它的副作用了，先不说身体上的，单独心理上的感受就有了，吃了之后没几次就明显感觉到心理上的负担，而且不想与人交谈，有严重的抑郁倾向，而且已经离不开那药了，虽然天天控制在一粒以内，但还是感觉得到它的副作用，而且我现在每天只睡 3 个小时，如行尸走肉般……

解释：

短视者都在追求短暂的药效，而面对长期的健康风险，很多人都抱着侥幸心理，觉得偶尔吃一片并不会有副作用。但是问题在于，由于属于“新药”，根据目前的数据，科学家并不清楚这些“聪明药”的长期副作用，但医生指出，滥用处方兴奋剂也会导致抑郁和情绪不稳（因缺乏睡眠而引起）、心律不齐和停药期间的急性衰竭反应和精神失常等。

“聪明药”可能会让你上瘾。目前已经有案例显示，部分使用者从一开始服用“聪明药”发展到对止痛剂 Percocet 上瘾，以致于最后迷上海洛因。而当你尝试“聪明药”并取得了好成绩的时候，对这种成就感的心理依赖将吞噬你的自控力。

此外，“聪明药”最有可能造成的是抑郁。例如“利他林”这种聪明药，服用它除了能让你注意力高度集中外，还会让你产生一种难以言喻的愉快感觉，而当你不服用“利他林”的时候，则会产生抑郁情绪。

药物滥用一词是上世纪 60 年代中期国际上开始采用的专用词汇，它与我们平时所说的“滥用抗生素”“滥用激素”等滥用药物中的“滥用”概念截然不同。药物滥用的概念是指长期地使用过量具有依赖性潜力的药物，这种用药与公认医疗实践的需要无关，导致了成瘾性以及出现精神混乱和其他异常行为。

所以，药物滥用一般是指违背了公认的医疗用途和社会规范而使用任何一种药物。这种使用往往是自行给药，因而对用药者的健康和社会都会造成一定危害。这样的行为医学上称之为药物滥用，法学和社会学意义上就是吸毒。

为了一点点效果滥用精神类药品，后果难料，风险巨大！

16. 父母教育方法不当对青少年吸毒有什么影响？家长如何教育子女拒绝毒品？

解释：

父母是孩子的第一任老师，家庭是儿童最早接受教育的场所，父母的教育方式潜移默化地影响了子女，特别是对子女个性心理发展、人格形成乃至整个一生身心健康有着重要影响。不当的养育方式易使子女形成难以适应社会的不良人格特征。有研究表明，吸毒者对早年父母养育方式的回忆是非常稳固的，也就是说，父母、家庭等元素影响人的一生。

不良家庭教育方式在某种程度上增加了子女吸毒的危险性：家长对子女娇惯、溺爱、迁就、护短，孩子从小养成娇生惯养、不求上进、我行我素的性格。父母无限制地满足子女的欲求，这是导致吸毒的祸根。一些家长过分溺爱自己的孩子，想尽一切办法满足子女的要求，对那些不良的要求和欲望，也不加以制止，对他们的不良习气、行为听之任之，更有甚者是在发现他们有不良行为时还加以庇护。不良家庭环境对子女最终染上毒瘾也有直接的影响，家庭关系紧张，情感无法沟通，家庭暴力不断，父母失和，父母子女矛盾深刻，经常发生激烈冲突和矛盾；家庭成员关系松懈，父母子女之间互不关心，子女长期得不到父母的爱。有些家长教育子女的方法简单粗暴，对子女经常恶语相向，拳脚相加。皮肉教育的结果是孩子感觉不到家庭的温暖，特别是当他们在工作或学习上遇到困难或挫折时，得不到家庭的支持，因而在思想上产生苦闷和烦恼，变得孤僻、冷漠。为消除烦恼，求得解脱，在所谓朋友的引诱下，一些意志薄弱者便会吸毒成瘾。

此外，家长有不良嗜好，会给孩子造成心理阴影，甚至家长本身就是“瘾君子”，直接影响孩子吸毒，许多青少年吸毒成瘾就是其父母或家庭其他成员言传身教所致。家庭成员吸毒对青少年的影响是潜移默化的，也是最为直接的。在吸毒的家庭中，父子、母子、夫妻、兄弟姐妹都吸毒的情况并不少见。

总之，青少年吸毒尽管有各种因素，但是家庭尤其是父母的教养方式是相当重要的，除了传统的注重毒品知识的宣传教育，还要重视儿童和青少年采用良好的适当的家庭教育方式，使他们在和谐、温馨的环境中成长，形成健全人格、健康心理。

为教育孩子远离毒品、拒绝毒品，家长要注意：

1. 做好表率。以身作则，饮酒适度，不沾烟草，远离毒品，成为孩子的榜样。

2. 了解危害。学习、了解毒品的种类、毒品的危害等禁毒知识，成为子女拒绝毒品的导师。

3. 信任沟通。与孩子沟通要保持顺畅，对于孩子面对的困扰及时开解，在陪伴中巩固信任，随时引导孩子健康成长。

4. 交友引导。要了解孩子的朋友，与他们经常接触，告知他们在一起玩耍的注意事项、原则。教育孩子谨慎交友。

5. 设定界限。要告诉孩子处事的原则和底限，对触及底限的事，要坚决说“不”。

6. 安全教育。教导子女学会自我保护，不接受陌生人的食物，避免出入复杂场所，在公共场合注意自身安全。

7. 充实生活。培养孩子健康向上的兴趣爱好，制定充实的学习、娱乐计划，不要让孩子感到无聊。

8. 细心观察。提高警惕，对孩子在性格和行为上的异常表现，应随时进行辨别。

9. 及时矫正。发现孩子有了不良嗜好或长时间停留在网吧、KTV 等娱乐场所时，应及时教育和纠正。

10. 联动防毒。父母要与老师、其他家长、朋友、街道社区互通信息，形成合力。

17. 如何辨别孩子是否吸食了新型毒品？

解释：

孩子一旦开始吸毒，会表现出诸多行为及特征，这些特征可能非常细微。家长需要识别以下特征，从而尽早发现孩子的不良习惯并给予帮助，及时挽救孩子的未来。

身体信号：

- 红眼睛，常常眼泪汪汪或目光呆滞，瞳孔大小与平日不一样。
- 未患感冒或过敏症，但是经常流鼻涕或流鼻血。
- 嘴的周围长口疮或丘疹，有可能是吸食了大麻烟。
- 手臂、大腿内侧、腋下等身体部位有针孔，用长袖衬衣或者纹身来掩盖针孔，身体上有不正常的淤青。
- 呼吸、身体、衣服中有特殊气味或浓重的烟味，或为了掩盖某种气味而喷洒了带有其他浓重气味的物质。
- 手指或嘴唇有烧灼的痕迹，越来越不注意个人卫生，对穿着打扮也漫不经心。
- 口齿不清。
- 突然显著地消瘦或增胖。

- 睡眠习惯改变，包括睡得比往常多或少，失眠或难以唤醒。
- 走路变慢，摇摇晃晃，步履蹒跚。
- 脸部有浮肿，或脸色苍白。

行为特征：

- 性格变得孤僻，喜欢独处，对家庭活动不感兴趣，对课外活动失去兴趣。
- 突然转变睡觉和饮食习惯，或突然体重下降。
- 突然拒绝参加学校活动或者开始逃课。
- 个人习惯和兴趣爱好有所改变。
- 忽视个人形象。
- 不理家中门禁时间或者其他一些规定。
- 和新朋友关系特别好，尤其是和其他可能沾染毒品者交往。

产生幻听幻觉，说话不着边际：

- 吸毒可以使人产生焦虑、心慌、害怕、恐惧、幻听、幻觉。新型毒品常常会让吸食者产生被人追杀等幻觉。

重复做机械动作：

- 如果发现孩子反复地出现机械性的动作，或者老重复说某一句话，基本可以判定其吸了新型毒品。

全身发痒，狂抓不止：

- 吸了新型毒品的人会感觉浑身发痒，会经常抓挠身体。如果发现孩子身上有各种抓痕，家长就要注意了。
- 使用换气扇、空气清洁剂、熏香蜡烛、燃香的次数增多。
- 最近经常在夜晚外出。
- 交友情况有显著改变，经常跟新朋友出去玩，并且新朋友有可能沾染毒品。

- 开始在家、学校或打工的单位打架斗殴。
- 精神亢进，行为上或言语上变得粗暴。
- 开车变得莽撞，经常被罚款，经常出现交通事故等。
- 无故旷课、旷工，纪律和工作表现突然变坏，学习成绩下滑。
- 在家偷钱或值钱的东西，或者经常向亲朋好友借钱。
- 藏有毒品或吸毒工具，如注射器、锡纸、切断的吸管、羹匙、烟斗等。

情绪变化：

- 态度突然转变，例如突然对以前喜爱的活动失去兴趣。
- 经常处于模糊的情绪中或者有不寻常的情绪爆发。
- 突然有抵触情绪，开始反抗某项规定或批评，或变得垂头丧气。
- 关系受挫、和家庭或朋友的关系变坏。
- 抑郁、失落、沮丧，情绪不稳定、喜怒无常，焦虑、紧张，记忆力减退，出现幻视、幻听、妄想症。
- 思维能力减退，暴躁不安，易怒。

以上这些身体、行为、心理方面的特征表明您的孩子可能沾染了毒品，但是若想确定您的孩子是否真的吸毒，还需要进行科学的检测。此时您可以通过沟通来走进孩子的内心，了解真实情况。

下面的漫画展示了一些快速辨别孩子是否吸食新型毒品的技巧。

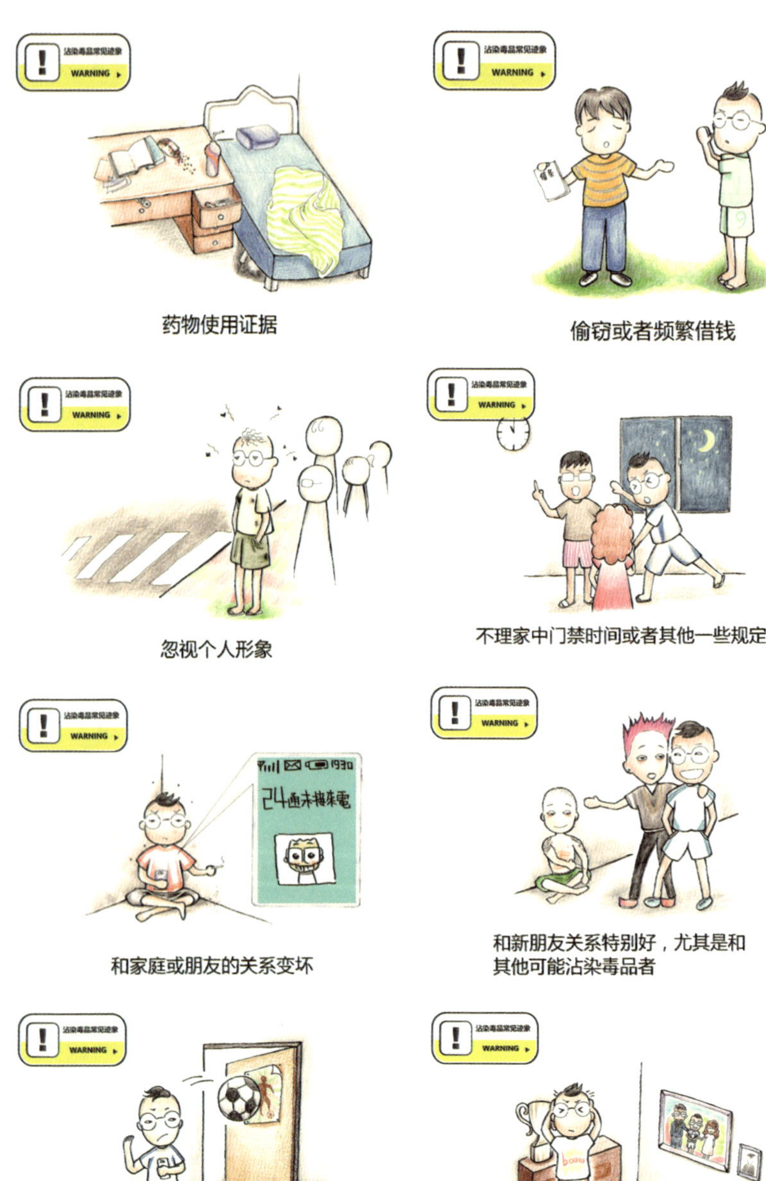

药物使用证据

偷窃或者频繁借钱

忽视个人形象

不理家中门禁时间或者其他一些规定

和家庭或朋友的关系变坏

和新朋友关系特别好，尤其是和其他可能沾染毒品者

对以前喜欢的事情不感兴趣了

经常处于模糊的情绪中或有不寻常的情绪爆发

突然拒绝参加学校活动或者开始逃课

突然有抵触情绪开始反抗某项规定或批评或变得垂头丧气

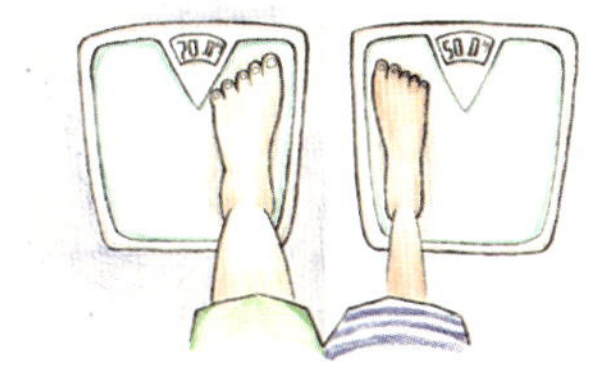

突然转变睡觉和饮食习惯或突然体重下降

（绘画 / 秘颖倩、杨丽莹，策划 / 杨宸、王钰彬）

18. 如何从体征上辨别出吸毒人员？

解释：

吸毒虽然可以获得一时的、短暂的快感，但却给人带来长久的难以医治的肉体上的伤害和难以解脱的精神上的痛苦。有资料表明，吸毒者的平均寿命比一般人短 10 ~ 15 年。吸毒人群的死亡率较一般人群高 15 倍。其原因除了过量中毒、自杀外，其他比较常见的是吸毒引起的各种并发症。毒品可对人的中枢神经系统、循环系统、消化系统、造血系统、免疫系统造成直接损害而引起死亡。注射毒品易发生各种感染，其中化脓性感染率可达 40%。此外，病毒性肝炎、心内膜炎、肾炎、结核病的发生率也显著提高，吸毒者艾滋病的发生率也显著高于一般人群。

吸食冰毒人群特征：

（1）冰疮，长期吸毒导致体内毒素堆积，反映到皮肤上导致的，严重时会溃烂、红肿、发炎、有白刺。

（2）冰毒嘴，吸食冰毒会减少唾液分泌，使吸毒者口腔内的酸性物质无法中和，导致损伤口腔。牙龈血管收缩，牙龈退的越来越低，最后只剩几颗门牙的不少见。

吸食海洛因人群特征：

（1）瞳孔呈针尖状，瞳孔缩小甚至呈针尖状是海洛因吸食者中毒的显著标志，长期吸毒者的瞳孔对光反射常迟钝，目光呆滞。

（2）皮肤注射瘢痕，使用静脉注射的吸毒者往往会在手、手臂、小腿脚部等发现颜色较暗的注射痕迹；而肌肉注射则会在注射的皮肤上永远留下吸毒的纪念——瘢痕。

吸食 K 粉人群特征：

（1）流清鼻涕，吸食 K 粉的主要途径是经鼻腔吸食，长期不良刺激会使鼻腔内血管脆性增加、组织变性，以持续流鼻涕最常见，每天都一吸一吸的，鼻子边可能还残留 K 粉粉末。

（2）茄疮，吸食者背部和后颈会长出很痒的毒疮，俗称“茄疮”。

（3）泌尿功能紊乱，K 粉是结晶、有菱角额的物质，约有 5% 的原型会经尿道排出，就会损伤输尿管内壁，使膀胱容量逐渐变小，吸食者一小时可能要去 N 次厕所，尿炸膀胱也尿不出，又或者打个喷嚏可能就会尿裤子。

吸食可卡因人群特征：

（1）可卡因虫，吸食者的皮肤有虫行蚁走之感，有针刺样疼痛，万般痛苦下吸食者不惜用刀切开皮肤取“虫”，而留下疤痕累累（故又命名为“可卡因虫”）。

（2）鼻子坍塌，吸食者常用鼻吸法，通过鼻粘膜吸收毒品。在长期作用下使鼻粘膜部分组织坏死或溃疡，也由于可卡因对鼻粘膜的刺激性，吸毒者常不停地挖鼻子，导致鼻中隔穿孔甚至坍塌。

大多数吸毒者在疯狂吸食毒品后会丧失食欲，暴瘦之余甚至可以7天不睡或7天都睡！毒品的侵蚀使身体机能渐渐崩溃，毒疮糜烂、牙齿掉光、鼻子坍塌、面色苍白，这些反映在外貌上的吸毒特征就会渐渐凸显。

19. 如何通过吸食工具识别身边亲朋好友是否吸毒?

解释：

从发现鸦片至今，常见的毒品已经达到数十种，眼花缭乱的吸食方法也是层出不穷。有吸得烟雾缭绕类，有直接口服或混入饮料中饮用型，还有更直接静、动脉注射型终极类。

当你怀疑身边的亲人和朋友有吸毒迹象，需要如何判断他们是否是瘾君子呢？又如何知道他们在吸食什么毒品？其实无论吸食何种毒品，以及采用哪种吸食方法，都是为了享受毒品带来的极度兴奋的快感。而今天要给大家科普的是几个常见的毒品吸食方法以及相对应毒品，通过瘾君子们的吸毒方法，我们大致判断他们吸食的毒品种类，帮助他们走向正确戒毒治疗之路。

（1）吸入：吸毒者通过呼吸道吸入毒品。通常有如下几种：

① 烫吸：把毒品置于锡纸、器皿中，用打火机点燃，在纸下加热使毒品产生烟雾，然后用嘴与鼻子吸入烟气。海洛因、部分冰毒、可卡因吸食者也用此方法吸食。

② 烟吸：将香烟中掺杂毒品（有的是特制含毒香烟），毒品随着香烟烟雾一起吸入呼吸道。大麻的吸毒方式多是抽大麻烟吸入，也有将海洛因掺入烟丝，通过吸烟时将毒品吸入体内。

③ 烟枪吸毒：比较传统的一种方法，百余年前吸食鸦片是借助烟枪点燃烟土口吸。近代也有人将毒品装上专用烟枪，在灯火上点燃，吸其烟雾。

④ 鼻吸：将毒品弄成粉末，然后鼻孔用力吸入，或堵住一个鼻孔，用另一个鼻孔猛吸。挥发性有机溶剂吸毒也是通过鼻嗅，自鼻粘膜吸入。这种吸食方法在电视剧或电影中比较多见，常用于可卡因、K 粉吸食，也有部分海洛因服用者用此方法吸食。

（2）吞食：此类吸食方法常见于新型毒品，含在嘴里、混入饮料中饮用，通过胃肠道吸收，进入血液循环。如摇头丸、神仙水、LSD，直接口吞，伴随着酒和饮料下肚，情绪迅速兴奋起来。

（3）注射，包括如下几种：

① 静脉注射：将毒品捻成粉末放入杯或瓶中，加水溶解。用注射器抽取毒品溶解液，从静脉注入。海洛因、可卡因、吗啡、杜冷丁、镇静剂均有采用静脉注射。

② 动脉注射：这种方法俗称“开天窗”，在颈动脉或股静脉注射，毒品直接顺着血液进入脑子，这种非常危险，心脏根本承受不起，容易当场猝死。此类极度危险的吸食方法一般用于海洛因。

③ 其他注射法：皮下注射、肌肉注射、指甲下注射，这些注射方法与静脉、动脉注射法相同。

（4）溜冰毒：

冰毒是一种新型合成毒品，外观似味精，为透明结晶体，无色无味，为化学合成品。主要化学成分为甲基安非他明（甲基苯丙胺）。

冰毒的吸食方法可以说在所有毒品中是最复杂的一种。所需的工具：装水的瓶子、点火工具、吸管、锡纸。吸毒者将这些瓶瓶罐罐称作为冰壶，用来盛水过滤冰毒的烟气，然后进入人体。一般的瘾君子大多用饮料瓶来装水，也有比较高级的如用玻璃、水晶做的，这种吸食方式有一个专门的黑话——“溜冰”。

无论吸食毒品采用何种方式，最终目的是为了更快更迅速地获得毒品带来的快感。当吸毒者对毒品的耐受性越来越高时，毒品引发的兴奋快感逐渐减弱，吸毒者只能以更大的剂量或是升级吸食方式才能不断抑制身体反应。如海洛因初期一般只见于烫吸，随着人体对毒品的依赖升级，发展到静脉注射，最后生命终结于“开天窗”。

毒品的危害是巨大的，如果当你发现亲朋好友身边存在类似行为或吸食工具时，那么他就很有可能在吸毒，你需要做的是判断他吸食什么毒品，然后正确帮助他们进行戒毒治疗。

20. 假期期间如何避免涉毒？

解释：

假期放松的身心极易让我们放松警惕，增加染毒机会。

出游中的毒品陷阱

案例：2009 年，广东曾发生过两起极其相似的因被邀免费出国游而起的运毒案。情节几乎如出一辙：被外国的朋友邀请出国旅游，被外国朋友暗藏毒品于旅行包裹中返回国内，结果均被查处。

外出旅行中，你要切记：

不要图小便宜，不要轻信免费游！

不要帮不了解底细的人托运、携带、领取包裹!

外出旅行中，你还要记住:

忌行李上有敞开的口袋或缝隙:背包、手提袋的边上，常有为方便而设置的开口口袋，成为走私运毒人“托付”的好地方。所以你的行李，尤其背包上，如果有开口的口袋，最好加上结实的扣子，或干脆缝起来。

不要因为同情，而帮助老弱妇孺带东西过海关。必要时你可以帮他们找机场的工作人员帮忙。但是当你去找人时，小心自己的行李。

朋友托你带东西的时候，也最好查看清楚。

小心旅行团的团友偷偷塞东西到你的旅行包或衣袋中，小心他们递过来的任何食用品。

去墨西哥、美国、哥伦比亚、缅甸、老挝、泰国这些毒情较严重的国家或地区旅游，一定要做好防毒准备。最好事先对这些地区的毒情和易染毒场合有所了解。

易染毒地点、场合

酒吧、夜店、KTV、洗浴中心等娱乐休闲场所是毒品违法犯罪的高发区。

在朋友的聚会场所、饭局上容易染毒。

体育赛事、演出场所也需提防情绪激动或不慎染毒。

青少年假期聚会吸毒事件频发。

娱乐场所和朋友聚会防毒技巧

很多人初次吸毒，都是在聚会场合禁不住朋友或者朋友的朋友的诱惑，吸了第一口，然后一发而不可收。

你要有如下的思想准备：不要为好奇心所驱使而以身试毒；不要抱偶尔吸一两次不会上瘾的侥幸心理；不要听信毒品能治病、能减肥的谎言；不要虚荣，以为有钱人才吸得起毒；不要听信吸毒是高级享受的谣言。

最易携毒的入口之物

香烟：冰毒、K 粉、海洛因、大麻等很多种毒品都可以掺和在烟里，所以，最好别抽别人递来的香烟。

酒水：K 粉、三唑仑、氟硝西泮无色无味，可溶于水和各种饮料，可伴随酒类共同服用。因此，不要喝不知底细的人递给你的或者来路不明的酒水、奶茶、果汁冲剂、茶水等。

零食：我国多地曾发现伪装成跳跳糖、巧克力的毒品。江西某地曾有人捡到疑似巧克力的物品，食用后身体不适，经检测其主要成分为大麻。深圳海关曾查获外包装为巧克力的海洛因。

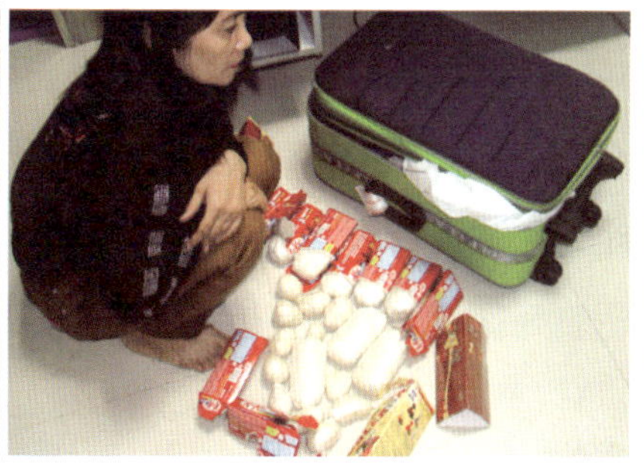

2009 年 2 月，深圳机场出入境边防检查站破获一起毒品案，从一名入关的越南籍女子行李箱中查获伪装成巧克力的毒品海洛因近 3 公斤。（来源：广东禁毒微信）

21. 被动接触毒品或吸毒后，应该怎么办?

解释：

误吃了混有毒品的食物和饮料，一般情况下会出现口渴、面色肌黄、胸闷、四肢无力、精神恍惚等症状。不少人会第一时间想到，是否被朋友在食物里下药了，然后自己就手足无措，惊慌不已。其实，一旦出现这种情况，你应该保持镇静，放下手中的食物或饮料，在可信任的朋友或家人陪同下离开被下毒的场所。

身体难受的时候，你也不要太过担心，因为这些难受的感觉少则2天多则1周可以完全消失。期间可以多做运动，多喝白开水，多排尿，尽量让自己身体的新陈代谢加快，帮助药物排出体外。

当然，无论出于什么理由，千万不要尝试毒品。

有时我们怀疑有人要给你毒品，该怎样拒绝这种“好意”呢?

经常在迪吧、舞厅等娱乐场所将毒品混入饮料里欺骗他人饮用的不法分子可以分为两种：一种是一开始就在你面前伪装成好人的，另一种是“先兵后礼”的。对付他们可以采取以下一些小攻略：①对那种一开始就伪装成好人的人，也许防不胜防。不过，有的人最开始可能会采用各种手段会要求你去做违反法律或道德的事，但是你不从。接着他可能突然变换一种态度，对你好言好语，那么对这种人你就应该具备戒心。②如果对方不是在你面前将饮料倒好，而是避开你把饮料倒好后再递给你，对于这种情况一定要有戒心，不妨有意拖着不喝。如果对方一定要劝你先喝饮料，并且急着要你喝下去。那么请勿尝试，马上离开!

22. 如何发现身边的制毒窝点?

解释:

可以通过下面两种方法判断生活场所周边的制毒工厂:

(1)场地观察法:

制毒工厂的隐蔽手法主要有 3 种:

① 用窗帘、报纸或砖头封堵、遮挡所有窗户。

② 使用、安装监控摄像头。

③ 农村地区用铁丝网、看家犬来阻止陌生人进入。

(2)制毒过程识别法:制毒工厂通常采取严格的封闭式生产,生产时断时续,产生的烟雾较难散去;工厂排污严重,影响居民正常生活;工厂对居民的投诉没有合理、具体说明,一旦外界有反映会迅速转移。

(3)排出物、丢弃物判别法:制毒工厂排出的废弃物有浓烈异味,废水是带有泡沫的、刺鼻的白色粘稠状液体;废气污染周围环境,常常导致附近树木、杂草枯萎死亡。

2015 年 8 月,海南省公安厅禁毒总队联合广东、江西公安机关破获特大制毒案件,铲除了一个设在江西省吉安市深山里的制毒工场,抓获犯罪嫌疑人 8 名,缴获毒品氯胺酮(K 粉)1277 公斤。

教你如何识别身边的制毒窝点:

① 场地的识别:加工厂一般选择较偏僻的地段:独栋的出租房

屋、仓库、个别已关、停的小型化工厂、制药厂、农药厂，被闲置的农家乐、学校等；场地周围有陌生可疑人员、车辆经常在夜间或一早出现，使用 380 伏的工业用电；厂房附近有较大的蓄水池或用大量塑料桶蓄存污水并将污水用隐蔽的方法排入下水道或河流。加工厂农村地区在高围墙上可能安有铁丝网或使用看家犬来阻止陌生人进入。

② 对排出物、丢弃物的识别：加工厂排出的废气可能导致附近的树木、杂草枯萎死亡；排出的废物可能导致附近的水塘鱼塘、河沟的鱼虾和家禽中毒死亡或大片庄稼死亡，严重影响附近居民正常生活；加工厂或加工窝点人员对居民的投诉没有合理、具体说明，或对外谎称生产"除草剂""洗洁剂"等。

③ 对从事生产人员及时间上的识别：加工厂雇用的工人较少，文化程度较低，不公开招工人、管理、技术人员，行为诡秘，生产场地严禁外人进入；采取严格的封闭式生产，生产时断时续，往往选择在夜间或风雨天开工。生产过程中排放出红色或白色具有刺激性气味的烟尘，气味较大，产生的烟雾较难散去，排出的废气常常导致附近的树木、杂草枯萎死亡。

在缺乏防护的情况下，制毒人员在制毒过程中由于经常接触有毒物质，双手、面部常会被化学制剂灼伤并导致皮肤溃烂，或吸入有毒气体导致中毒，严重的会送医院抢救。

④ 通过设备辨别：制造冰毒的设备有反应罐、搅拌机、制冷设备、过滤罐、脱水机、加热装置、各类衡器（如天平、磅秤）、漏斗、脱桶、不锈钢桶、玻璃器皿、钢罐等；造摇头丸的工场与此类似，不同之处在于一般还会有烘干箱、粉碎机、搅拌机、压片机（真空压片机还会

有真空泵与之配套)、封口机、金属模具、钢筛等设备;生产、加工氯胺酮的设备有:加热炉、粉碎机(小型、台式)、搅拌机、微波炉、冰箱、封口机、衡器(如天平、磅秤)。

23. 吸毒同时喝酒会怎样?

解释:

有些瘾君子常常在服用毒品时同时服用酒精,以期达到更强的快感,但这种方式会导致意外中毒或死亡。

“吗啡 + 酒精”会对人的中枢神经系统造成严重侵害,具体表现为先兴奋后抑制。

吗啡进入人体后,会产生欣快、幻觉、惊厥、缩瞳等反应,继之会镇痛、镇静和抑制呼吸,严重时可致死。吗啡急性中毒时,主要表现为呼吸中枢抑制,呼吸频率可减至每分钟 3 ~ 4 次,从而导致严重缺氧,故急性吗啡中毒死亡的直接原因是呼吸中枢的麻痹。酒精进入人体后,最初是选择性抑制网状上行激活系统,继之抑制延髓血管运动中枢和呼吸中枢,这种作用机制形成了酒精中毒的特有症状和体征,即饮酒后的表现为先兴奋后抑制。

(漫画作者:何能)

由于酒精和吗啡对呼吸系统均有抑制作用，在共同进入体内后，可产生协同作用，增强了呼吸的抑制，即由于酒精和吗啡具有竞争酶的作用，使血中有毒物质的浓度增加，毒力增强，作用时间延长。两者在血中浓度达到一定量时，对呼吸中枢的抑制作用增强，时间延长，从而使酒精和吗啡在浓度均未达到致死量时却致人中毒死亡。

24. 如何成为一名禁毒志愿者？

解释：

各地禁毒部门、相关社会组织招募禁毒志愿者，一般会有如下几个条件：年满 18 周岁，身心健康；遵守宪法、法律、法规和国家政策，遵守社会道德风尚；具有奉献精神和社会责任感；具备参与禁毒志愿服务项目及活动相适应的基本素质。

主要有两种报名方法：一是本人持身份证明有效证件，到当地的政法或公安禁毒部门、社会组织办公地点报名，报名前可以先通过公布的热线电话进行咨询。另一种是通过禁毒部门或社会组织的网站、微信等在线填表登记，工作人员会与报名者联系。

加入志愿者队伍的程序一般为：申请人填写志愿者登记表，经审核后，根据服务岗位需要，结合申请人的具体情况，为申请人分配服务岗位，同时，为禁毒志愿者建立志愿服务档案，配发禁毒志愿者手册、证书等。对于报名从事专业禁毒志愿工作的志愿者还要进行专业培训。

4

第 四 章

Chapter 4

政策法规篇

1. 什么是全国青少年毒品预防教育“6·27”工程?

解释:

2015 年 8 月 18 日，全国青少年毒品预防教育工作视频会议宣布正式启动青少年毒品预防教育“6·27”工程。根据中宣部、中央网信办、公安部、教育部、科技部、民政部、财政部、人社部、文化部、国家新闻出版广电总局、全国总工会、共青团中央、全国妇联、国家禁毒办 14 个部门联合制定的《全国青少年毒品预防教育工作规划(2016—2018)》(以下简称《规划》)，青少年毒品预防教育“6·27”工程将以 10 岁至 25 岁的青少年为重点、以学校为主要阵地，力争通过 3 年努力，构建完善的青少年毒品预防教育工作体系，使青少年禁毒意识明显增强，新滋生吸毒人数明显下降。

《规划》分指导思想、总体目标、任务要求三大部分。任务要求部分包含提升学校毒品预防教育工作水平、实现各类青少年群体毒品预防教育全覆盖、拓展应用毒品预防教育社会资源、完善青少年涉毒问题监测处理机制、加强青少年毒品预防教育工作保障五个部分、20 个要点。

《规划》对青少年毒品预防教育工作进行了明确量化。例如，《规划》强调，要力争用 3 年时间，使 18 岁以下未成年人涉毒违法犯罪人数占涉毒违法犯罪总人数比例不高于 0.3%，人民群众对青少年毒品预防教育工作满意率达到 95% 以上，省级禁毒办专门从事毒品预防教育工作的在编人员不得少于本部门在编总人数的 15% 等。这些数字的设定有的放矢，充分彰显了我国政府坚决打赢禁毒人民战争的坚强决心。

《规划》对加强学校的毒品预防教育工作进行了特别强调，从固定毒品预防专题教育课时、建立毒品预防教育师资队伍、提供专业教材等方面提出具体要求。

《规划》将实现各类青少年群体毒品预防教育全覆盖作为未来的一个重要目标。《规划》提出要以青少年为主要服务人群，逐步建成中央和省级、地市级、县级四级禁毒教育基地。

2. 什么是全国社区戒毒社区康复“8·31”工程?

解释:

2015 年 8 月，国家禁毒委员会启动全面加强社区戒毒社区康复工作的“8·31”工程。2015 年 12 月，国家禁毒办、中央综治办、公安部、国家卫计委、民政部、司法部、财政部、人社部、共青团中央、全国妇联等 11 部门联合印发《全国社区戒毒社区康复工作规划（2016—2020 年）》，该《规划》是“8·31”工程的纲领性文件，《规划》提出，力争通过 5 年努力，实现社区戒毒社区康复工作体系全面形成，社区戒毒社区康复专职工作人员队伍全面建立，各项戒毒康复措施全面落实，社区戒毒社区康复执行率稳步提高的目标。

3. 在我国的法律中规定了哪些与“毒品”有关的犯罪行为和违法行为?

解释:

虽然吸毒在我国不属于犯罪行为，但仍旧属于行政违法行为，在我国的《治安管理处罚法》当中规定了吸毒行为的法律后果。

《中华人民共和国治安管理处罚法》第七十二条规定，有下列行为之一的，处 10 日以上 15 日以下拘留，可以并处 2000 元以下罚款；情节较轻的，处 5 日以下拘留或者 500 元以下罚款：①非法持有鸦片不满 200 克、海洛因或者甲基苯丙胺不满 10 克或者其他少量毒品的；②向他人提供毒品的；③吸食、注射毒品的；④胁迫、欺骗医务人员开具麻醉药品、精神药品的。

此外，其他的涉毒行为，在不构成《刑法》所规定的毒品犯罪的前提之下，也可能会构成行政违法。例如《中华人民共和国治安管理处罚法》第七十一条规定：有下列行为之一的，处 10 日以上 15 日以下拘留，可以并处 3000 元以下罚款；情节较轻的，处 5 日以下拘留或者 500 元以下罚款：①非法种植罂粟不满 500 株或者其他少量毒品原植物的；②非法买卖、运输、携带、持有少量未经灭活的罂粟等毒品原植物种子或者幼苗的；③非法运输、买卖、储存、使用少量罂粟壳的。有前款第一项行为，在成熟前自行铲除的，不予处罚。

《中华人民共和国治安管理处罚法》第七十三条规定，教唆、引诱、欺骗他人吸食、注射毒品的，处 10 日以上 15 日以下拘留，并处 500 元以上 2000 元以下罚款。

我国《刑法》规定，走私、贩卖、运输、制造、非法持有毒品均为犯罪行为。毒品犯罪主要包括走私、贩卖、运输、制造毒品罪，非法持有毒品罪，包庇毒品犯罪分子罪，窝藏、转移、隐瞒毒品、毒赃罪，走私、非法买卖、运输、非法生产制毒物品罪，非法种植毒品原植物罪，非法买卖、运输、携带、持有毒品原植物种子、幼苗罪，引诱、教唆、欺骗他人吸毒罪，强迫他人吸毒罪，容留他人吸毒罪，非法提供麻醉药品、精神药品罪。

4. 吸毒是个人的事儿，与别人无关，为什么是违法的？

解释：

吸毒不仅仅是破坏自己的身体，还会影响社会安定，造成社会财富的大量浪费。

为吸毒购买毒品，实际上就是资助制毒者、贩毒者。“毒品经济”一旦得到发展，就会对人民体质、社会安定和经济造成严重影响。

吸食新型毒品的瘾君子，致幻后会做出各种失控的举动，甚至会实施暴力的违法犯罪活动；瘾君子为了筹资买毒，会铤而走险，吸毒者偷盗抢劫的案例很多。

世界卫生组织将使用精神活性物质造成的危害分为四类：①对健康的长远影响。如慢性疾病、艾滋病和肝炎传播。②对健康的急性和短期生物效应。如中毒、自杀等。③紧急的社会问题。如制造交通事故、攻击行为等。④长远的社会问题。如不能履行家庭义务等。

可见，吸毒绝非“自作自受”那么简单，而是具有强烈的“负外部性”。南京曾有一位吸毒母亲丢下两个幼儿不管，造成孩子饿死的惨剧。这样的悲剧足以证明吸毒不是一个人的事。再看近年的一则新闻：广南高速公路上一坐奔驰车的男子，因毒瘾发作朝过往车辆开枪，哪辆车超过他，他就朝哪辆车开枪，造成一位过往车辆乘客中弹、一位路人被子弹擦伤。而湖北麻城一男子吸食冰毒后闯入当地一小学疯狂砍伤 8 名小学生，更证明了毒品对社会的严重危害。

毒品的作用机理就是欺骗人脑的奖励体系，本来抚育子女让人快乐，变成了吸毒让人快乐，后者取代了前者，于是吸毒者就不去抚育子女了。监护缺失是吸毒人员子女面临的普遍问题，而缺乏父母教育又会导致青少年违法犯罪。

吸毒后人会产生妄想、暴力等倾向，比如吸食冰毒后会引发使用者的攻击性、暴力性行为及怪异行为。

毒瘾会“遗传”，怀孕期间吸食毒品会造成胎儿“染毒”，孩子一出生就表现出毒瘾发作时的症状；哺乳期通过喂奶，也会把“毒瘾”传递给孩子。

5. 吸毒无非就是治安处理，难道对自己还会有其他影响？

解释：

吸毒除了对个人的身心、家庭和社会造成危害外，还要接受政府有关部门的管控。

2006 年公安部推出一项禁毒措施—动态管控，全称“吸毒人员网上动态管控预警系统”。系统收录了全国在册登记的吸毒人员以及其他一些有过毒品犯罪记录的人员信息，只要信息被录入该系统，被录入人员的身份证等多种信息便在全国公安系统内共享。被录入人员不论在全国什么地方使用与本人真实身份相关的证件（如身份证），该系统都会自动预警，辖区内的警务机构会在第一时间内赶到现场，对当事人进行动态跟踪管理盘查，以此减低毒品违法犯罪率。

5 年后，该动态管控系统被写进法规中，也因此有了执行的法律依据，2011 年 6 月 26 日发布的《戒毒条例》第四条规定，“县级以上地方人民政府公安机关负责对涉嫌吸毒人员进行检测，对吸毒人员进行登记并依法实行动态管控”。

对于被抓的吸毒人员，由基层派出所民警录入，依照《戒毒条例》第七条规定，“对戒毒人员戒毒的个人信息应当依法予以保密。对戒断 3 年未复吸的人员，不再实行动态管控。”但是实际上取消的权限只有省一级公安厅才有。

处于动态管控中的吸毒人员，每次出差开房、网吧、买票、银行等凡是需要动用身份证注册的，都会联网自动触发预警系统，当地警察会根据情况上门进行尿检之类的多种检查，防止其再次有吸毒行为。

吸毒要承担其违法后果，但是代价之大相信是那些自认为吸毒没什么大事的人难以想像的。特别是在一些重要单位上班的吸毒人员，一旦被发现其有吸毒迹象，工作基本难保。许多抽大麻的人，都是在年少的时候认为抽大麻是一种时尚，一种潮流，根本没意识到在中国这就是吸毒，而出事之后便是后悔莫及。（来源：“毒言毒语”微信，作者：陈敏，湖南康达自愿戒毒中心办公室主任。）

6. 在很多国家（或地区），吸食大麻是合法的吗?

解释：

世界上大麻合法化的国家（或地区）只有很少的几个。在乌拉圭，只要年满 18 岁，且事先提出申请，就可以种植大麻。但是，每人最多只能依法种 6 棵，一年收成不得超过 480 克。加拿大在政府颁发的执照下，可以合法化进行医学和工业使用大麻。2001 年，加拿大成为首个准许末期病患自行种植、吸食自种大麻的国家。荷兰允许小量贩卖和吸食大麻，允许购买和拥有 5 克大麻或麻汁。拥有超额分量是非法的。印度在某些仪式期间可以使用大麻，印度政府监控大麻的使用并在圣城瓦腊纳西出售大麻。奥地利、比利时、捷克、芬兰、以色列、西班牙和英国等少数国家也允许大麻的医疗使用。

有人说荷兰是大麻合法化的一个典型，事实是，荷兰是个吸毒入刑的国家，吸毒属于犯罪。荷兰在严惩吸贩毒违法犯罪的同时，允许在法定地方有偿吸食法定种类法定量的毒品（大麻）并接受法定的监督管理。

（漫画作者：何能）

我国坚决反对任何形式的毒品合法化。根据我国《治安管理处罚法》，吸食大麻构成违法行为，处 10 日以上 15 日以下拘留，可以并处 2000 元以下罚款；情节较轻的，处 5 日以下拘留或者 500 元以下罚款；严重者将被送强制隔离戒毒所进行强戒，构成犯罪的将承担刑事责任。

我国《刑法》第三百五十一条规定，非法种植罂粟、大麻等毒品原植物的，一律强制铲除。第三百五十七条对毒品的范围及毒品数量的计算原则作了规定：本法所称的毒品，是指鸦片、海洛因、甲基苯丙胺（冰毒）、吗啡、大麻、可卡因以及国家规定管制的其他能够使人形成瘾癖的麻醉药品和精神药品。

7. 从国外携带大麻入境会受到怎样的处理？外国人在中国涉毒，会受到怎样的处理？

案例 1：乐手走私大麻被判管制

2016 年 3 月，北京某知名乐队吉他手田某在住所签收从美国寄来的大麻叶快递时，被泉州海关缉私分局人员当场抓获，并从包裹里的茶叶罐中检出几十克大麻叶。田某被判处管制 3 个月，并处罚金

10000 元。(来源:新浪网)

案例 2:多人聚众吸毒被处理

2016 年 2 月 21 日凌晨,深圳北环大道一桥洞通道下数百人集体吸毒,警方赶到后带走了 491 人,经初步检验,其中 118 人尿检为阳性,吸食毒品以大麻为主,93 人因吸食毒品被行政拘留,其中包括 50 名外籍人员。一名南山警员表示,涉及的外籍人员来自 20 多个国家。(来源:广东禁毒微信)

事后的聚众吸毒地点一片狼藉。

解释:

我国《刑法》第三百四十七条规定,走私、贩卖、运输、制造毒品,无论数量多少,都应当追究刑事责任,予以刑事处罚。

根据 2016 年 4 月公布的《最高人民法院关于审理毒品犯罪案件适用法律若干问题的解释》,走私、贩卖、运输、制造、非法持有大麻油 5 千克、大麻脂 10 千克、大麻叶及大麻烟 150 千克以上,即应当认定为刑法第三百四十七条第二款第一项、第三百四十八条规定的“其他毒品数量大”,将被处 15 年有期徒刑、无期徒刑或者死刑,并处没收财产;走私、贩卖、运输、制造、非法持有大麻油 1000 克以上不满 5 千克、大麻脂 2000 千克以上不满 10 千克、大麻叶及大麻烟 30 千克以上不满 150 千克，应当认定为刑法第三百四十七条第三款、第三百四十八条规定的“其他毒品数量较大”，将被处 7 年以上有期徒刑，并处罚金。田某走私的毒品数量没有达到上述标准，适用于《刑法》第三百四十七条第 4 款之规定，即走私、贩卖、运输、制造鸦片不满 200 克、海洛因或者甲基苯丙胺不满 10 克或者其他少量毒品的，处 3 年以下有期徒刑、拘役或者管制，并处罚金。鉴于田某归案后认罪，对其从轻处罚。最终，泉州市中级人民法院判处其管制 3 个月，并处罚金人民币 1 万元。

刑法上的管辖原则包括属地管辖和属人管辖。如果外国人在中国违法犯罪，中国根据属地管辖原则，有权对其违法犯罪行为进行处罚；该外国人所属国的法律规定了有属人管辖原则的，也可以对该外国人在中国的犯罪行为进行处罚。即，外国人在中国违法犯罪，中国的公安、司法机关拥有当然的管辖权，可以依照中国的法律法规对其进行判刑；该外国人的国家还可以再次对违法犯罪嫌疑人进行制裁。

8. 李某的朋友张某、王某、陈某到李某家玩耍，期间张某、王某、陈某吸食毒品，李某没有吸食毒品，李某是否需要承担法律责任？

解释：

李某需要承担法律责任。李某的行为已触犯了《中华人民共和国刑法》第三百五十四条之规定，应当以容留他人吸毒罪追究其刑事责任。

（漫画作者：何能）

容留他人吸毒罪，是指为他人吸食、注射毒品提供场所的行为。《中华人民共和国禁毒法》规定：容留他人吸食、注射毒品，构成犯罪的，依法追究刑事责任；尚不构成犯罪的，由公安机关处 10 日以上 15 日以下拘留，可以并处 3000 元以下罚款；情节较轻的，处 5 日以下拘留或者 500 元以下罚款。对构成容留他人吸毒罪的条件，《最高人民检察院、公安部关于公安机关管辖的刑事案件立案追诉标准的规定（三）》对构成容留他人吸毒罪的条件作出明确规定：涉嫌下列情形之一的，应予立案追诉：①容留他人吸食、注射毒品两次以上的；②一次容留 3 人以上吸食、注射毒品的；③因容留他人吸食、注射毒品被行政处罚，又容留他人吸食、注射毒品的；④容留未成年人吸食、注射毒品的；⑤以牟利为目的容留他人吸食、注射毒品的；⑥容留他人吸食、注射毒品造成严重后果或者其他情节严重的。

共同吸毒与容留他人吸毒的区分：应从行为人主观认识、行为作用程度、客观行为表现等方面入手。主观认识上，共同吸毒行为人主观认识是参与吸毒，容留他人吸毒则对“容留”存在认识，行为人提供吸毒便利场所的意识也比较明显；行为作用上，共同吸毒人在吸毒过程中起的作用较为平均，而容留他人吸毒行为中各行为人所起的作用一般具有主次之分；此外，共同吸毒行为与容留他人吸毒行为最为明显的区分还表现在“为他人提供场所”这一客观要件上，单纯共同吸毒并无此要求，容留他人吸毒则符合“为他人提供场所”的要求。

9. 同样是持有毒品并吸毒，为什么有的被判容留他人吸毒罪，而有的被判非法持有毒品罪？

案例：艺人涉毒事件的不同判决

（1）2014年3月，某年轻歌手伙同他人在北京朝阳区某地吸食毒品，被警方抓获。后法院以容留他人吸毒罪判处其有期徒刑9个月，罚金人民币2000元。

（2）2014年8月，两位年轻艺人因涉毒被北京警方查获。2015年年初，法院以容留他人吸食毒品罪，判处其中一名艺人有期徒刑6个月，并处罚金人民币2000元。

（3）2014年12月，某歌手因涉毒在北京朝阳区某小区被警方抓获，警方现场起获冰毒等毒品10余克。后该歌手被法院以非法持有毒品罪，判处有期徒刑7个月，并处罚金2000元。（来源：百度知道）

解释：

容留他人吸毒罪，是指为他人吸食、注射毒品提供场所的行为。非法持有毒品罪，是指明知是鸦片、海洛因、甲基苯丙胺或者其他毒品，而非法持有且数量较大的行为。

我国《刑法》第三百四十八条对非法持有毒品罪的规定如下：非法持有鸦片1000克以上、海洛因或者甲基苯丙胺50克以上或者其他毒品数量大的，处7年以上有期徒刑或者无期徒刑，并处罚金；非法持有鸦片200克以上不满1000克、海洛因或者甲基苯丙胺10克以上不满50克或者其他毒品数量较大的，处3年以下有期徒刑、拘役或者管制，并处罚金；情节严重的，处3年以上7年以下有期徒刑，并处罚金。

按照当时还在施行的《最高人民法院关于审理毒品案件定罪量刑标准有关问题的解释》（法释[2000]13号）对《刑法》中有关非法持有毒品罪中的规定看，案例3中警方从歌手住处查获的毒品种类（冰毒）和数量（10余克）已达到该《解释》规定的非法持有毒品罪的种类数量标准，而前两个案例中查获的毒品种类（大麻）和数量不符合上述条件。目前上述《解释》已废止，代之以2016年4月11日起施行的《最高人民法院关于审理毒品犯罪案件适用法律若干问题的解释》。新《解释》定罪量刑标准更为严厉。

10. 容留未成年人吸毒如何定罪?

解释:

《最高人民法院关于审理毒品犯罪案件适用法律若干问题的解释》规定了28种毒品的定罪量刑数量标准。其中，新增了甲卡西酮、曲马多、安钠咖等12种新类型毒品的定罪量刑数量标准，并下调了在我国危害较为严重的毒品氯胺酮的定罪量刑数量标准。

根据司法解释，容留未成年人吸食、注射毒品的，即构成容留他人吸毒罪，在容留人数、次数、后果方面不需要达到其他要求。向吸食、注射毒品的未成年人非法提供麻醉药品、精神药品，直接构成非法提供麻醉药品、神经药品罪，对非法提供药品的数量不另作要求。

11. 罂粟花好看，我可以在家里种几株吗？

解释：

在我国，只要种植罂粟就属于违法，无论在家里还是地里都不允许种植，数量较小的受到治安管理处罚，数量较大或情节严重的就构成犯罪。

（漫画作者：何能）

我国《刑法》第三百五十一条规定，非法种植罂粟、大麻等毒品原植物的，一律强制铲除。种植数量达到 500 株以上的，就构成犯罪。对情节严重的，要依据生产、销售有毒、有害食品罪来处罚。对于非法种植罂粟不满 500 株或者其他少量毒品原植物的，根据《治安管理处罚法》第 71 条的规定，处 10 日以上 15 日以下拘留。

根据《治安管理处罚法》第七十一条之规定，有下列行为之一的，处 10 日以上 15 日以下拘留，可以并处 3000 元以下罚款；情节较轻的，处 5 日以下拘留或者 500 元以下罚款：

（1）非法种植罂粟不满 500 株或者其他少量毒品原植物的；

（2）非法买卖、运输、携带、持有少量未经灭活的罂粟等毒品原植物种子或者幼苗的；

（3）非法运输、买卖、储存、使用少量罂粟壳的。

有前款第一项行为，在成熟前自行铲除的，不予处罚。

湖北武汉一位养鱼农妇李某在鱼塘田埂上偷种罂粟原植物千余棵。2016 年 5 月 5 日，因非法种植罂粟原植物犯罪，她被当地警方依法予以刑事拘留。图为警方在铲除李某非法种植的罂粟原植物。（来源：澎湃新闻）

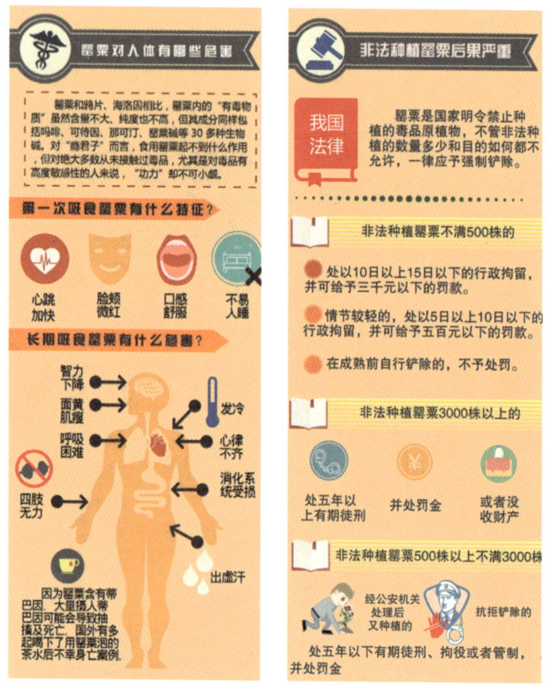

（漫画作者：何能）

12. 引诱未成年人吸毒会受到什么样的处罚?

（漫画作者：何能）

案例：

2015 年 4 月，被告人杨某驾车载林某和李某（两人均系未成年人）购买毒品，在返回途中，杨某谎称吸食毒品可以治疗感冒、通鼻塞，在其引诱下，被害人林某及李某参与共同吸食毒品。

当地法院判定被告人杨某的行为构成引诱他人吸毒罪，被判处有期徒刑 3 年，并处罚金 2000 元。（来源：中国禁毒手机报）

解释：

引诱、教唆、欺骗他人吸毒罪是指以引诱、教唆、欺骗的方法，促使他人吸食、注射毒品的行为。根据最高人民法院《关于适用〈全国人大常委会关于禁毒的决定〉的若干问题的解释》（法发 [1994]30 号），引诱、教唆他人吸毒，是指通过向他人宣扬吸食、注射毒品后的感受等方法，诱使、唆使他人吸食、注射毒品的行为。欺骗他人吸毒，是指用隐瞒事实真相或者制造假象等方法使他人吸食、注射毒品的行为。

《中华人民共和国刑法》第三百四十七条规定，利用、教唆未成年人走私、贩卖、运输、制造毒品，或者向未成年人出售毒品的，从重处罚。

《中华人民共和国刑法》第三百五十三条规定，引诱、教唆、欺骗他人吸食、注射毒品的，处 3 年以下有期徒刑、拘役或者管制，并处罚金；情节严重的，处 3 年以上 7 年以下有期徒刑，并处罚金。强迫他人吸食、注射毒品的，处 3 年以上 10 年以下有期徒刑，并处罚金。引诱、教唆、欺骗或者强迫未成年人吸食、注射毒品的，从重处罚。

本案中，被告人杨某违反国家毒品管理法规，引诱未成年人吸食毒品，已构成引诱他人吸毒罪；引诱未成年人吸食、注射毒品的，应从重处罚。鉴于被告人到案后能如实供述犯罪事实，依法可以从轻处罚。据此，当地法院遂依法作出上述判决。

13. 未成年人容留他人吸毒也是犯罪吗?

解释：

《中华人民共和国刑法》第十七条规定，已满 16 周岁的人犯罪，应当负刑事责任。已满 14 周岁不满 18 周岁的人犯罪，应当从轻或减轻处罚。第四十五条规定，对于审判的时候被告人不满 18 周岁的刑事案件，不公开审理。

（漫画作者：何能）

案例：

2014 年 6 月的一天，17 周岁的李某和几个朋友在一起玩，其中张某、刘某两人为吸毒人员。张某提出想吸毒，但一时找不到合适的地方。李某说他有个出租房可以到那里吸毒。当张某、刘某在李某所租房屋里吸毒时，正好碰上警察临检，三人一起被警方带走。

法院最终以容留他人吸毒罪判处李某拘役 3 个月，缓刑 6 个月，并处罚金人民币 15000 元。张某、刘某也因吸毒被处理。（来源：上饶日报）

《中华人民共和国刑法》第三百五十四条规定，容留他人吸食、注射毒品的，处3年以下有期徒刑、拘役或者管制，并处罚金。《中华人民共和国刑法》第六十七条规定，犯罪嫌疑人虽不具有自首情节，但是如实供述自己罪行的，可以从轻处罚；因其如实供述自己罪行，避免特别严重后果发生的，可以减轻处罚。本案中，李某的行为已构成容留他人吸毒罪。鉴于其未满18周岁，且系初犯，能如实供述罪行并积极缴纳罚金，具有悔罪表现，其住所地社区也出具了帮教计划，因此法院作出从轻处罚的判决。

14. 不满18岁的未成年人涉毒，是否会酌情减轻处罚？

案例1：未成年人贩毒获刑8个月

17岁的女孩马某家住兰州市七里河区，从小生活在一个残缺的家庭，出生后在她还不记事的时候，父母就去世了，她和年迈的奶奶相依为命。从小缺少父母关爱的家庭成长史让年幼的马某性格孤僻，小学毕业辍学后便只身在外，经常往返于兰州和东乡之间，无固定住所、工作，极度的自卑反而造就了过分地自尊，为了不让别人看不起，平时的日常生活经常为了所谓的面子而挥霍无度，盲目攀比，最终走上了贩毒的道路。由于年龄原因，3月20日，城关区法院从轻处罚，马某贩卖毒品罪获刑8个月。

交友不慎虚荣攀比终犯法

2016年，马某结交了一名同龄女子胡某，看着这名同龄人以贩卖毒品而过着“奢靡”的生活时，马某逐渐迷失了自己，她很快沾染上了毒品之后，为满足自己的吸食需求，马某也加入贩毒的行列当中，以贩养吸，并将贩毒所得维持她“想要的那种生活”。5月，马某看着别人都用苹果手机，虚荣心作祟的她却想利用贩卖毒品赚取佣金达成心愿，于是铤而走险，在胡某的授意下向他人贩卖冰毒，在连续交易两次以后，她被公安人员当场抓获，查获毒品0.78克，涉案数额500元。

寄语：给孩子一个温暖的家

城关区检察院未检科审理此起案件的检察官杨万元介绍，未成年人贩毒类案件成因分析调查显示，家庭结构不良、教育方式、家庭经济状况是未成年人涉毒犯罪的主要成因。家庭关系不和谐容易让未成年人心理产生隔阂，远离家庭，向外界寻求慰藉，甚至自暴自弃。青少年这一群体自控力较弱，一旦结交社会上的不良群体，盲目跟从，很难抵制诱惑或者教唆。同时涉罪的未成年人普遍文化程度较低，均为初中及以下文化，认识事物、思考问题的能力有限，对毒品的危害性认识不清，且存有相当大的侥幸心理，离开学校后，加之家庭经济条件一般，为求生存在城市中从事收入不高的工作，一般只要成年毒贩提供食宿或者少量报酬，就愿意以身试法，沦为成年毒贩转嫁风险，贩运毒品的工具。有些女性未成年人甚至相信毒品可以瘦身减肥，如此以身体健康为代价的错误认识在让我们感到愚不可及的同时，也深深地为这些孩子扼腕叹息。（来源：“甘肃禁毒”微信）

案例2：男孩网上贩毒被判有期徒刑3年

2014年6月，时年15周岁的李某在网上发布出售冰毒的信息，并于同年7月，携3包冰毒以10500元的价格向他人贩卖时被公安机关抓获。经鉴定，3包毒品均含甲基苯丙胺，共计重38克。

法院以李某犯贩卖毒品罪，判处有期徒刑3年，缓刑5年，并处罚金人民币1000元。同时法院禁止李某在一年内进入网吧。（来源：“中国禁毒”微信）

（漫画作者：何能）

解释：

所谓的刑事责任年龄，指的是法律明文规定的，要对自己作出的行为负刑事责任所应达到的年龄。关于刑事责任年龄，我国《刑法》第十七条有明确规定，主要有：

（1）已满 16 周岁的人犯罪，应当负刑事责任。16 岁是完全刑事责任年龄。

（2）已满 14 周岁不满 16 周岁的人，犯故意杀人、故意伤害致人重伤或者死亡、强奸、抢劫、贩卖毒品、放火、爆炸、投放危险物质罪的，应当负刑事责任。

（3）不满 14 周岁的人，不负刑事责任。这里也应注意，这个年龄阶段是完全不负刑事责任的年龄阶段。

（4）已满 75 周岁的人故意犯罪的，可以从轻或减轻处罚；过失犯罪的，应当从轻或者减轻处罚。

此外，相关司法解释还对未成年人刑事责任作了详细规定。关于刑事责任年龄的注意事项主要有以下几方面：

（1）已满 14 周岁不满 16 周岁的人负相对的刑事责任时，所触犯的 8 种犯罪不是指罪名，而是指行为。比如说，15 周岁的行为人实施了拐卖妇女、儿童罪并故意造成受害者重伤或死亡的后果，虽然 8 种犯罪中并没有拐卖妇女、儿童罪，但此时因为该行为人实施了故意杀人或故意伤害致人重伤或死亡的行为，也因此需要承担故意杀人或故意伤害的刑事责任；

（2）已满 14 周岁不满 16 周岁的人对涉及“毒品”的犯罪，仅对“贩卖”毒品行为负刑事责任，对其他涉毒罪行不负刑事责任；

（3）如果是不满 16 周岁不处罚的，法院应当责令他的家长或者监护人加以管教，在必要的时候可以由政府收容教养。

（4）对未成年人罪犯适用刑罚时，一般应当充分考虑是否有利于未成年罪犯的教育和矫正，比如要充分考虑未成年人实施犯罪行为的动机和目的，犯罪时的年龄、是否初次犯罪、犯罪后的悔罪表现等等。

刑事责任年龄是指实足年龄，即周岁。根据中华人民共和国《刑法》规定，刑事责任年龄从 16 岁起算，未满 18 岁应当从轻或减轻处罚。

刑法第三百四十七条规定；走私、贩卖、运输、制造毒品、无论数量多少，都应当追究刑事责任。根据 2012 年 5 月 16 日最高人民检察院、公安部《关于公安机关管辖的刑事案件立案追诉标准法人规定（三）》在刑法第三百四十七条的立案追诉标准第三条规定：本规定中的毒品是指鸦片、海洛因、甲基苯丙胺（冰毒）、吗啡、大麻、可卡因以及国家规定管制的其他能够使人形成瘾癖的麻醉药品和精神药品。此案中，马某 17 岁，已经超过法定 16 岁承担刑事责任的年龄，但由于未满 18 岁，在量刑过程中应当减轻处罚。

《中华人民共和国刑法》第六十七条规定，犯罪嫌疑人虽不具有自首情节，但是如实供述自己罪行的，可以从轻处罚；因其如实供述自己罪行，避免特别严重后果发生的，可以减轻处罚。

《中华人民共和国刑法》第七十三条第二、三款之规定，有期徒刑的缓刑考验期限为原判刑期以上 5 年以下，但是不能少于一年。缓刑考验期限，从判决确定之日起计算。

本案中，李某行为已构成贩卖毒品罪，其犯罪时已满 14 周岁未满 16 周岁，依法应当减轻处罚；归案后能够如实供述自己的犯罪事实，依法可以从轻处罚；其贩卖的毒品已被公安机关及时收缴，没有流入社会造成更大社会危害，可以酌情从轻处罚。综合李某的犯罪情节，鉴于其法定代理人及居住地的居委会、社区矫正机构均可对其落实社区矫正措施，可对其宣告缓刑。

15. 贩卖 1 克毒品，不会也算犯罪吧？

（漫画作者：何能）

解释：

根据《刑法》第三百四十七条，走私、贩卖、运输、制造毒品，无论数量多少，都应当追究刑事责任，予以刑事处罚。也就是说，贩卖毒品时，你只要贩卖那么一点，就要受到法律制裁了。

案例：

2016年11月某天上午，王某将1克冰毒（甲基苯丙胺）装在香烟盒中，以700元的价格与某吸毒人员进行交易时，被公安机关当场抓获。王某因涉嫌贩卖毒品罪被检察机关批准逮捕。（来源：“中国禁毒”微信）

16. 毒品犯罪涉案毒品数量多少对定罪量刑没什么影响吗?

解释：

当然不是！

涉毒案件的数量在量刑时是非常重要的。根据《刑法》规定，走私、贩卖、运输、制造海洛因或者甲基苯丙胺（冰毒）10克以上，就要被判处7年以上有期徒刑；走私、贩卖、运输、制造毒品，数量大的，或者是犯罪集团首要分子的、以暴力抗拒检查、拘留、逮捕、情节严重的，或者参与有组织的国际贩毒活动的等，处15年有期徒刑、无期徒刑或者死刑，并处没收财产。

17. 贩毒罪在量刑时只计现场缴获的毒品数量吗?

解释：

公安机关在抓获犯罪嫌疑人时，除了正在交易的毒品，在贩毒人员的住所、车辆查获毒品，贩毒人员往往会辩解称那是用于个人吸食，不是用来贩卖的。因为，贩毒人员很清楚，如果是用于个人吸食的毒品，只能在数量达到较大时定非法持有毒品罪！而非法持有毒品罪在毒品数量相同的情况下一般是量刑轻于贩卖毒品罪的。

这样就可以避重就轻了吗？不！

2015 年《全国法院毒品犯罪审判工作座谈会纪要》规定，贩毒人员被抓获后，在其住所或车辆等处查获的毒品数量一般应计入贩卖数额。

也就是说，采用事实推定的证明方法，即贩毒人员若不能提出相反证据证明该毒品不是用于贩卖，则推定该毒品都是用于贩卖，构成贩卖毒品罪！

18. 掺假卖毒在量刑时是按毒品纯度来计算吗？

（漫画作者：何能）

解释：

按照我国法律，毒品数量不以纯度计算，掺入的辅料也要计入毒品数量。

在办理毒品犯罪案件中，无论毒品纯度高低，一般均应将查证属实的毒品数量认定为毒品犯罪的数量，并据此确定适用的法定刑幅度。

即：不管毒品纯度高低，将查获的毒品放在秤上一称，有多少就算多少！

案例：

陈某是个“瘾君子”，一开始他购买毒品仅供自己吸食。囊中羞涩之后，他开始贩卖毒品给他人以赚取差价，走上了以贩养吸的道路。在一次购买8克毒品海洛因后，为赚取更大利润，陈某竟然掺进辅料，一下变成40多克。陈某将8克毒品掺成40克的掺假行为，为自己“掺出”了重刑。(来源：新华网)

19. 孕妇涉毒犯罪能免除刑责吗?

解释：

孕妇犯罪不必坐牢，不受处罚？错！怀孕不会影响定罪判刑。虽然我国法律对于这一特殊群体有些特殊的规定，例如，我国《刑事诉讼法》规定，怀孕或正在哺乳期的妇女，可以被暂于监外执行。但是该法同时也规定，在暂于监外执行的情形消失后，刑期未满的，应当及时收监。也就是说，虽然孕妇可以监外执行，但只是暂时的，一旦流产或者哺乳期满，就需要及时收监，继续执行未完成刑罚。

20. 不吸毒、不制毒、不贩毒，就不会涉嫌涉毒犯罪?

案例1：

犯罪嫌疑人张某携带一个黑色背包乘坐飞机从B市至C市，在机场出站口被民警查获，并在其背包内起获毒品。

张某：“检察官，这个包包是人家给我的，纯粹帮朋友忙，我不知道里面是什么啊！”

民警：“帮谁带的？”

张某：“一个朋友，不知道叫啥名字。”

民警：“为什么帮人带这个包？”

张某："因为……那个哥哥说可以给我超大一笔好处费。"

民警："一个背包值这么多钱吗？为什么他不自己带？为什么不走物流快递？"

张某："有钱人的世界我不是很懂。"

（漫画作者：何能）

解释：

根据《中华人民共和国刑法》、《全国部分法院审理毒品犯罪案件工作座谈会纪要（2008.12.1）》及相关法律法规的规定，为获取不同寻常的高额、不等值报酬为他人携带、运输物品，从中查获毒品的，被告人不能做出合理解释的，可以认定其"明知"是毒品，但有证据证明确属被蒙骗的除外。明知是毒品而运输，构成运输毒品罪，依法承担相应的刑事责任。

所以，不要随便接受天上掉下来的"馅饼"，很可能掉下来的是"陷阱"。

案例 2：

案情提要：犯罪嫌疑人王某是李某的朋友，明知李某从网络上购买毒品，在快递邮寄到毒品后，仍帮助李某代收装有毒品的包裹。

王某："为啥抓我，那个毒品不是我买的，是李某买的呀。"

民警："你是否知道李某买的是毒品？"

王某："知道啊，可是关我什么事，又不是我买的……"

民警："你为什么去签收？"

王某："李某说他不在家，让我帮忙取一下。都是朋友嘛，助人为乐呀！"

解释：

根据《中华人民共和国刑法》、《全国法院毒品犯罪审判工作座谈会纪要（2015.5.18）》等法律法规的相关规定，代收者明知是物流寄递的毒品而代购毒者接收，没有证据证明其与购毒者有实施贩卖、运输毒品等犯罪的共同故意，毒品数量达到刑法第三百四十八条规定的最低数量标准的，对代收者以非法持有毒品罪定罪处罚。

所以，不要认为不是自己买的就跟自己无关，帮助接收毒品的行为间接上为毒品犯罪提供了帮助，当然构成犯罪。交友要谨慎呐！

案例 3：

案情提要：犯罪嫌疑人赵某与贩毒者周某相熟，赵某多次为周某介绍购买毒品者，但并未以此向周某索取财物。

（漫画作者：何能）

赵某："我冤枉啊！我不服啊！我不是周某的共犯呀！"

民警："你是否介绍了毒品交易？"

赵某："是啊，但我只是出于朋友情谊，又没有收过钱，赠人玫瑰手有余香……"

解释：

根据《中华人民共和国刑法》、《全国法院毒品犯罪审判工作座谈会纪要（2015.5.18）》等法律法规的相关规定，居间介绍者在毒品交易中处于中间人地位，发挥介绍联络作用，通常与交易一方构成共同犯罪，但不以牟利为要件。

给朋友介绍生意，也得看是什么生意，违法犯罪的生意决不能碰！

总结：

不制毒、不贩毒、不吸毒的你，仍然可能因为一时的糊涂与贪心而掉入毒品犯罪的深渊里！

毒品犯罪是指涉及毒品的犯罪，根据我国刑法规定有十余种罪名，走私、贩卖、运输、制造、非法持有毒品等均为犯罪行为。毒品不仅危害健康、吞噬财产，也扭曲人格、诱发犯罪、污染社会，国家与法律层面严打毒品犯罪，我们每位公民也要遵纪守法，不作恶、不助恶、不以身试法、不心存侥幸！（来源："中国禁毒"微信）

21. 张某自己不吸毒、不制毒、不贩毒，但为了好处费帮人运毒，有可能会被判重刑吗？

案例 1：

2014 年 9 月的某天，瘾君子程某与唐某在某宾馆内吸食毒品。唐某问程某是否愿意帮其携带毒品到另外一省，并许诺给程某 3000 元作为报酬，程某答应后，唐某将一包毒品交给程某，并预先支付其1000元。程某携毒乘坐火车时，被铁路公安截获，从其挎包里查获1包甲基苯丙胺（200克）、1包海洛因（100克）。

法院最终以运输毒品罪对程某判处死刑，缓期二年执行，剥夺政治权利终身，并处没收个人全部财产。另，唐某在逃，被另案处理。（来源："中国禁毒"微信）

（漫画作者：何能）

解释：

我国《刑法》第三百四十七条规定，走私、贩卖、运输、制造毒品，无论数量多少，都应当追究刑事责任，予以刑事处罚。走私、贩卖、运输、制造毒品，有下列情形之一的，处15年有期徒刑、无期徒刑或者死刑，并处没收财产：（1）走私、贩卖、运输、制造鸦片1000克以上、海洛因或者甲基苯丙胺50克以上或者其他毒品数量大的；（2）走私、贩卖、运输、制造毒品集团的首要分子；（3）武装掩护走私、贩卖、运输、制造毒品的；（4）以暴力抗拒检查、拘留、逮捕，情节严重的；（5）参与有组织的国际贩毒活动的。

2000年4月最高法院印发的《全国法院审理毒品犯罪案件工作座谈会纪要》指出：毒品数量是依法惩处毒品犯罪的一个重要情节而

不是全部情节。因此，执行量刑的数量标准不能简单化。特别是对被告人可能判处死刑的案件，确定刑罚必须综合考虑被告人的犯罪情节、危害后果、主观恶性等多种因素。

本案中，程某犯运输毒品罪，且数量大含量高，依法应予严惩，鉴于其系受人指使、雇佣，主观恶性不大，归案后如实供述案件事实，社会危害性相对较小，故法院做出上述判决。

为了区区 3000 元钱，程某被判死缓！学法、知法、懂法，也是每个公民自觉防毒拒毒的有效方法。

22. 戴罪立功什么情况下可以从宽处罚?

解释:

根据《最高人民法院关于处理自首和立功具体应用法律若干问题的解释》(以下简称《解释》)第七条的规定，犯罪分子检举、揭发他人的重大犯罪行为，经查证属实；提供侦破其他重大案件的重要线索，经查证属实；阻止他人重大犯罪活动；协助司法机关抓捕其他的重大犯罪嫌疑人；对国家和社会有其他重大贡献等表现的，应当认定为重大立功表现。《解释》还规定了重大犯罪、重大案件、重大犯罪嫌疑人的标准，一般是指犯罪嫌疑人、被告人可能被判处无期徒刑以上的刑罚或者案件在本省、自治区、直辖市或在全国范围内有较大影响等情形。

案例 1: 检举未构成立功

被告人严某于 2014 年 2 月以 210 万元的价格从陈某处购得甲基苯丙胺 7200 余克、氯胺酮 100 余克；同年 4 月，严某在贩卖毒品时被警方当场抓获，从其携带的包和所住房屋中查获甲基苯丙胺共计 7100

余克、氯胺酮 100 余克。

另查明，严某到案后检举另案被告人杨某运输甲基苯丙胺 40 余克。后杨某被法院判处有期徒刑 8 年。

当地法院经审理认为，被告人严某的行为已构成贩卖、运输毒品罪，其购买、运输毒品数量巨大，罪行极其严重。最终判决如下：严某犯贩卖、运输毒品罪，判处死刑，剥夺政治权利终身，并处没收个人全部财产。案件宣判后，被告人严某提出上诉。省高级人民法院驳回上诉，维持原判，依法报请最高人民法院核准。最高人民法院于 2015 年依法核准被告人严某死刑。

本案中，被检举人杨某运输甲基苯丙胺 40 余克，依法应当判处 7 年以上有期徒刑，不可能判处无期徒刑以上刑罚，并且不存在因为被告人严某检举后，杨某有新的量刑情况。因此，严某的检举行为构成立功，不构成重大立功。因严某涉案毒品数量巨大，主观恶性和人身危害性大，罪行极其严重，虽有立功表现，但不足以从宽处罚。（来源：中国禁毒手机报）

案例 2：检举他人戴罪立功

被告人李某在 2014 年 8 月向当地检察院检举，其在 2014 年 2 月向张某购买过 1000 元的毒品。当地检察院要求当地公安局进行侦查。经侦查发现，张某在 2014 年 3 月因涉嫌贩卖毒品罪被刑事拘留，但他并未交代其贩卖毒品给李某的事实。2014 年 9 月，当地公安局对张某进行提讯，其承认了贩卖毒品给李某的事实。2014 年 10 月，当地公安局根据当地检察院的要求补充了被告人李某、张某的讯问笔录，证实张某在 2014 年 2 月贩卖 1000 元的毒品给李某的犯罪事实。

当地法院判定李某有立功表现，依法对其因非法持有毒品罪的处

罚刑期下调，对张某因贩卖毒品罪接受处罚的刑期上调。（来源：中国禁毒手机报）

（漫画作者：何能）

解释：

《中华人民共和国刑法》第六十八条规定：犯罪分子有揭发他人犯罪行为，查证属实的，或者提供重要线索，从而得以侦破其他案件等立功表现的，可以从轻或者减轻处罚；有重大立功表现的，可以减轻或者免除处罚。犯罪后自首又有重大立功表现的，应当减轻或者免除处罚。

对此，《最高人民法院关于处理自首和立功具体应用法律若干问题的解释》（以下简称《解释》）作了具体的解释，第五条规定：根据刑法第六十八条第 1 款的规定，犯罪分子到案后有检举、揭发他人犯罪行为，包括共同犯罪案件中的犯罪分子揭发同案犯共同犯罪以外的其他犯罪，经查证属实；提供侦破其他案件的重要线索，经查证属实；阻止他人犯罪活动；协助司法机关抓捕其他犯罪嫌疑人（包括同案犯）；具有其他有利于国家和社会的突出表现的，应当认为有立功表现。第六条规定：共同犯罪案件的犯罪分子到案后，揭发同案犯共同犯罪事实的，可以酌情予以从轻处罚。第七条规定：根据刑法第六十八条第 1 款的规定，犯罪分子有检举、揭发他人重大犯罪行为，经查证属实；提供侦破其他重大案件的重要线索，经查证属实；阻止他人重大犯罪活动；协助司法机关抓捕其他重大犯罪嫌疑人（包括同案犯）；对国家和社会有其他重大贡献等表现的，应当认为有重大立功表现。

23. 捡到毒品应该怎么处理？自存自用会有什么后果？

解释：

捡到毒品应通过拍照留存证据，立即报警，全数交警方处理，并如实反映情况。否则有可能触犯刑法，构成非法持有毒品罪。

非法持有毒品罪，是指明知是鸦片、海洛因、甲基苯丙胺或者其他毒品，而非法持有且数量较大的行为。其中可能包含自己吸食的行为，但即使没吸食非法持有的毒品，只要非法持有毒品且数量达到我国刑法的相关规定，非法持有毒品罪的罪名即成立。

案例：捡到毒品非法持有获刑 7 年

2012 年 10 月，福建三明市尤溪县人郑某在厦门市政府广场附近捡到一个绿色帆布包，发现包内有现金 2300 多元，一台电子秤、一个眼镜盒，盒子内装有两袋冰毒和一些麻古，便将这些冰毒、麻古藏到自己携带的塑料袋子里占为己有，随身带回尤溪县时被查获。经三明市公安局物证鉴定所检验，郑某称随身携带的两袋白色结晶体净重 30.32 克、18.76 克，一包红色药丸重 1.13 克，均检出甲基苯丙胺成分。

尤溪县法院对这起毒品案审理认为，被告人郑某明知冰毒、麻古（主要成分均为甲基苯丙胺）是毒品，仍予以非法持有，其持有甲基苯丙胺重量计 50.21 克。我国《刑法》第三百四十八条的规定，非法持有鸦片 1000 克以上、海洛因或者甲基苯丙胺 50 克以上或者其他毒品数量大的，处 7 年以上有期徒或者无期徒刑，并处罚金。法院据此判定，郑某的行为已构成非法持有毒品罪。鉴于被告人郑某认罪，可酌情从轻处罚。据此法院最终判定，以非法持有毒品罪判处被告人郑某成有期徒刑 7 年，并处罚金人民币 3 万元。(来源:“中国禁毒”微信)

警示：

不义之财不可取，尤其是毒品。就算有再多免费的毒品摆在你面前都不能去捡、去据为己有，须知非法持有毒品会招来牢狱之灾。

24. 夫妻一方吸毒举债，另一方有共同承担债务的责任吗?

解释：

2017 年 2 月 28 日，最高人民法院发布了《婚姻法司法解释(二)的补充规定》(以下简称“规定”)和《关于依法妥善审理涉及夫妻债务案件有关问题的通知》，以回应《婚姻法司法解释(二)》中第 24 条适用引发的争议。相关规定自 2017 年 3 月 1 日起施行。

根据规定，“24 条”新增两款：其一，夫妻一方与第三人串通，虚构债务，第三人主张权利的，人民法院不予支持；其二，夫妻一方在从事赌博、吸毒等违法犯罪活动中所负债务，第三人主张权利的，人民法院不予支持。

这意味着，自 2017 年 3 月 1 日起，对夫妻一方在从事赌博、吸毒等违法犯罪活动中所负债务，另一方不再承担任何责任。

此前的情况则不同：“24 条”诞生于 2003 年 12 月，从 2004 年 4 月 1 日开始实施。“24 条”字数不多：“债权人就婚姻关系存续期间夫妻一方以个人名义所负债务主张权利的，应当按夫妻共同债务处理。但夫妻一方能够证明债权人与债务人明确约定为个人债务，或者能够证明属于婚姻法第十九条第三款规定情形的除外。”

婚姻法第十九条第三款规定：夫妻对婚姻关系存续期间所得的财产约定归各自所有的，夫或妻一方对外所负的债务，第三人知道该约定的，以夫或妻一方所有的财产清偿。

（漫画作者：何能）

这意味着，如果夫妻双方没有特别约定，配偶背着自己在外面打借条，纵然自己不知情，法律也可能因为夫妻关系而让另一方承担责任。这就出现了一些问题，有部分夫妻，一方进行恶意举债，然后把责任引向另一方，导致无举债责任的一方承担了巨额债务。

25. 新精神活性物质列管的程序有哪些?

解释：

我国于 2015 年 10 月 1 日起开始实施的《非药用类麻醉药品和精神药品管理办法》规定，列管程序主要有：一是日常监测，各地发现未列管品种出现制贩、滥用等情况后上报国家禁毒办；二是国家禁毒办汇总分析后认为需要进行列管的，提交非药用类麻醉药品和精神药品专家委员会进行危害风险评估；三是列管的法律程序。评估后认为应当列管的，由公安部、食药监总局、卫生计生委联合发文公布。

26. 近年来我国新精神活性物质管制的工作情况和成效如何？

解释：

新精神活性物质管制是国际禁毒领域公认的一大难题。没有列管就意味着可以逃脱法律的制裁。针对这一问题，中国高度重视新精神活性物质相关工作，积极推动管制立法、建立完善管制机制、大力强化执法打击、务实开展国际合作。

立法列管方面，2001 年，我们将氯胺酮列入管制。2010 年以来，我们及时将国际社会反映突出的 13 种新精神活性物质相继列入《麻醉药品和精神药品目录》。2015 年 10 月 1 日起实施《非药用类麻醉药品和精神药品管理办法》，一次性列管 116 种新精神活性物质。2017 年 2 月，我国完成卡芬太尼、呋喃芬太尼、丙烯酰芬太尼、戊酰芬太尼等 4 种芬太尼类物质列管的法律程序。至此，我国列管的新精神活性物质已达 134 种。

执法打击方面，联合国毒罪办和相关国家通报以及我国有关部门的核查发现，目前全球新精神活性物质部分在我国生产，主要是一些具有化工、医药知识的人员受利益诱惑驱使，根据境外不法分子所提品种、数量等需求，网上联系、订单式生产、邮寄输出，利用各国管制差异逃避打击。针对上述情况，2016 年以来，我们根据相关国家执法协作请求，部署有关省核查向境外邮寄新精神活性物质线索，各地共抓获违法犯罪嫌疑人数十人，捣毁新精神活性物质非法生产窝点

8 处，缴获已列管新精神活性物质 800 余公斤、非列管新精神活性物质上吨。

国际合作方面，近年来，我们对俄罗斯、美国、澳大利亚、英国等国提出的涉及新精神活性物质的数十件线索核查请求进行了及时回应，并先后与 20 余个国家开展执法合作，成功破获“上海灿禾张磊案”“湖北张正波案”等一批有国际影响的案件。

27. 芬太尼是什么？我国对芬太尼类物质采取了哪些管制措施？

解释：

芬太尼是一种止痛药，其药效是海洛因的 30 ~ 50 倍。使用过量会导致患者昏迷或呼吸衰竭，严重的可能致命，成人的致死量约为 2 毫克。芬太尼常被混入海洛因，经制作后看上去已不太像强效止痛药。过量用药的受害者通常根本不知道他们在服用芬太尼。

根据国家食药监总局制定的《非法药物折算法》，1 克芬太尼（或者瑞芬太尼、舒芬太尼）相当于 40 克海洛因。根据最高法于 2016 年最新颁布的《关于审理毒品犯罪案件适用法律若干问题的解释》，芬太尼的定罪量刑标准是海洛因、甲基苯丙胺的 2.5 倍。

根据《麻醉药品品种目录》（2013 年版），我国管制的芬太尼类麻醉药品共 13 个品种，包括芬太尼、舒芬太尼、阿芬太尼等。

2017 年 2 月，公安部、国家食药监总局、国家卫计委联合发布公告，决定将卡芬太尼、呋喃芬太尼、丙烯酰芬太尼、戊酰芬太尼等 4 种芬太尼类物质列入非药用类麻醉药品和精神药品管制品种增补目录，自 2017 年 3 月 1 日起开始实行。

28. 氯胺酮的定罪量刑标准是多少?

解释:

根据于2016年4月11日起施行的《最高人民法院关于审理毒品犯罪案件适用法律若干问题的解释》第一条之规定，走私、贩卖、运输、制造、非法持有氯胺酮500克以上，应当认定为刑法第三百四十七条第二款第一项、第三百四十八条规定的“其他毒品数量大”，将处15年有期徒刑、无期徒刑或者死刑，并处没收财产；走私、贩卖、运输、制造、非法持有氯胺酮100克以上不满500克，应当认定为刑法第三百四十七条第三款、第三百四十八条规定的“其他毒品数量较大”，处7年以上有期徒刑，并处罚金。

《解释》将氯胺酮的定罪量刑数量标准下调为原来的二分之一。这样调整主要基于以下几点考虑：第一，氯胺酮在我国滥用较为严重，近年来滥用人数不断增长，目前已上升至第三位，仅次于甲基苯丙胺和海洛因。第二，滥用氯胺酮造成的现实危害不断加大，因其兼具麻醉和致幻效果，实践中大量的自伤自残、暴力犯罪及“毒驾”案件多由吸食氯胺酮引发。第三，我国的制造、贩卖氯胺酮犯罪近年来呈迅速增长之势，因而有必要加大对涉氯胺酮犯罪的惩治力度。

29. 涉毒犯罪拒不认罪，一般会受到怎样的惩处?

案例:

2009年4月，民警截获被告人王平驾驶的轿车，在其车内搜出甲基苯丙胺2287克。后红河哈尼族彝族自治州中级人民法院依法以被告人王平犯运输毒品罪，判处死刑，剥夺政治权利终身，并处没收个人全部财产。一审宣判后，被告人王平及其辩护人提出，王平不明知车内有毒品，一审量刑过重，请求改判。云南省高级人民法院经公开审理后，裁定驳回上诉，维持原判，并依法报请最高人民法院核准。（来源：中国禁毒手机报）

（漫画作者：何能）

解释：

拒不供认毒品来源仍可推定主观明知。运输毒品罪是一种故意犯罪。司法实践中，被告人常以不明知行为对象是毒品为由进行辩解。最高人民法院、最高人民检察院、公安部 2007 年联合发布的《办理毒品犯罪案件适用法律若干问题的意见》列举了 7 种具体情形，最高人民法院 2008 年印发的《全国部分法院审理毒品犯罪案件工作座谈会纪要》列举了 9 种具体情形，对上述两文件中列出的各种情形，被告人不能作出合理解释，且没有证据证实确属被蒙骗的，可以认定被告人主观上明知是毒品。如果有其他证据足以认定被告人应当知道的，可以认定被告人主观上明知。

上述两件中列出的可认定为主观明知的情形可归纳为：执法人员在口岸、机场、车站、港口和其他站点检查时，要求行为人申报为他人携带的物品和其他疑似毒品物，并告知其法律责任，而行为人未如实申报，在其携带的物品中查获毒品；以伪报、藏匿、伪装等蒙蔽手段，逃避海关、边防等检查，在其携带、运输、邮寄的物品中查获毒品的；执法人员检查时，有逃跑、丢弃、携带物品或者逃避、抗拒检查等行为，在其携带或者丢弃的物品中查获毒品的；体内或贴身隐秘处藏匿毒品的；为获取不同寻常的高额、不等值报酬为他人携带、运输物品，从中查获毒品的；采用高度隐蔽的方式携带、运输物品，从中查获毒品的；采用高度隐蔽的方式交接物品，明显违背合法物品惯常交接方式，从中查获毒品的；行程路线故意绕开检查站点，在其携带、运输的物品中查获毒品的；以虚假身份或者地址办理托运手续，在其托运的物品中查获毒品的；有其他证据是以认定行为人应当知道的。

主观恶性大应从严惩处：我国《刑法》第三百四十七条将运输毒品和走私、贩卖、制造毒品相并列，表明刑法对这四种行为的危害性作等量评价。在罪状表述上，刑法第三百四十七条第一款特别提示，运输毒品“无论数量多少，都应当追究刑事责任”；在法定刑设置上，配置了严厉的、最高直至死刑的法定刑。就个案来说，具体的运输毒品犯罪行为社会危害性差异悬殊，行为人的主观恶性差异也可能较大，因而对运输毒品犯罪行为不能不加区分一概从严处罚，特别是在判处死刑的问题上要区别对待。但主观恶性极大者，应在事实清楚、定罪准确的基础上，从严从重处罚。

30. 我国有关毒驾的相关法律规定有哪些？吸毒人可以考驾照吗？

解释：

《中华人民共和国道路交通安全法》《道路交通安全法实施条例》

《道路交通安全违法行为处理程序规定》《机动车驾驶证申领和使用规定》等对“毒驾”都有所涉及。比如,《中华人民共和国道路交通安全法》规定，饮酒、服用国家管制的精神药品或者麻醉药品，或者患有妨碍安全驾驶机动车的疾病，或者过度疲劳影响安全驾驶的，不得驾驶机动车;《机动车驾驶证申领和使用规定》规定，吸食、注射毒品、长期服用依赖性精神药品成瘾尚未戒除的，不得申请机动车驾驶证。

实践中，毒驾未造成严重后果的，依照《禁毒法》《治安管理处罚法》的规定，以治安管理的手段对吸毒行为进行处罚，处罚手段包括吊销驾照、罚款、行政拘留、社区戒毒、社区康复及强制戒毒等。

毒驾造成严重后果且在事故中负主要责任的，一般根据《道路交通安全法》《道路交通安全法实施条例》《道路交通安全违法行为处理程序规定》等以交通肇事罪定罪处罚，或根据不同情节以危害公共安全罪定罪处罚。

按照《治安管理处罚法》规定，有毒驾行为的，将会处以罚款、治安拘留及注销驾照等处罚。3 年内有吸食、注射毒品行为或者解除强制隔离戒毒措施未满 3 年的，不得申请驾照。

根据我国《机动车驾驶证申领和使用规定》，3 年内有吸食、注射毒品行为或者解除强制隔离戒毒措施未满 3 年，或者长期服用依赖性精神药品成瘾尚未戒除的，不得申请机动车驾驶证。3 年内没有吸食、注射毒品行为或者解除强制隔离戒毒措施已满 3 年的，可以重新申请驾驶证。

自 2016 年 4 月 1 日起施行新版《机动车驾驶证申领和使用规定》，规定涉毒驾驶人在两种情况下会被注销驾驶证：一是吸食、注射毒品后驾驶机动车的；二是正在执行社区戒毒、强制隔离戒毒或者社区康复措施的。

毒驾撞死人的，将会构成交通肇事罪，会被判刑。毒驾发生交通事故，致人 1 人死亡或 3 人以上重伤且负全责或主责，或至 3 人以上死亡且负同责的，以交通肇事罪定罪处罚，处 3 年以下有期徒刑或拘役；如果交通肇事后逃逸或者有其他特别恶劣情节的，处 3 年以上 7 年以下有期徒刑；若因逃逸致人死亡的，处 7 年以上有期徒刑。

近年来，毒驾引发的交通事故不断增多，特别是导致多人伤亡的恶性交通事故时有发生。研究发现，毒驾比酒驾的危害更甚。毒驾入刑是大势所趋。

根据《禁毒法》《道路交通安全法》《机动车驾驶证申领和使用规定》等法律、规章规定，服用国家管制的精神药品或者麻醉药品，不得驾驶机动车；对发现属于 3 年内有吸食、注射毒品行为的或者解除强制隔离戒毒措施未满 3 年的，或者长期服用依赖性精神药品成瘾尚未戒除的，公安机关不予受理驾驶证申请；被查获有吸食、注射毒品后驾驶机动车行为，正在执行社区戒毒、强制隔离戒毒和社区康复措施，或者长期服用依赖性精神药品成瘾尚未戒除的人员，除依法予以处罚、采取戒毒措施外，注销其驾驶证。

也就是说，有吸毒史的人，必须戒毒满 3 年，而且要有相关证明。这种证明或者在戒毒所开具，或者在社区开具。只要拿到证明，就能报考驾照，否则不行。

2014 年 7 月，一名驾驶凯迪拉克的重庆男子在街上裸奔，涉嫌毒驾被警方带走。（来源：重庆市禁毒办）

31. 病残吸毒人员违法犯罪，是否会减轻或免于处罚？

解释：

近年来，病残吸毒人员违法犯罪案例频现。有的公然在社会上吸食毒品，造成艾滋病等传染性疾病传播扩散，有的进行盗窃、抢劫、敲诈、贩毒等违法犯罪活动，严重危害社会治安。

2015 年 10 月，国家禁毒委员会办公室、公安部、卫生计生委、发展改革委、民政部、司法部、财政部、人力资源社会保障部联合印发《关于加强病残吸毒人员收治工作的意见》，要求加快建立专门收治病残吸毒人员的区域、场所和医疗结构（病区、中心），着力提升戒毒医疗服务能力；严格依法对病残吸毒人员进行强制收戒治疗，积极提供帮扶救助服务；加强对病残吸毒人员专门收治场所和区域的管理，完善各项管理制度；加强对病残吸毒人员收治工作的组织领导，不断完善保障机制。

病残不会成为为非作歹的借口和屏障，随着我国收治条件的改善，病残吸毒人员的管理和收治工作将得到进一步加强。

32. 在不知情的情况下食用了毒品是否应以吸毒论处?

解释:

从我国的法律规定来看，吸毒不是犯罪，而是违法行为，应当受到治安处罚。《禁毒法》规定，吸食、注射毒品的，依法给予治安管理处罚。《治安管理处罚法》规定，吸食、注射毒品的，处 10 日以上 15 日以下拘留。但是，如何判断一个人是否吸毒了呢？当然，我们不能简单听信嫌疑人的口供，而主要是通过尿检来确定，如果一个人的尿检呈阳性，那么基本上可以断定他进食了毒品。

但是，进食毒品有两种情形：一种是在知情的情形下主动进食了毒品，这就是吸毒；另一种是在不知情的情况下被动进食了毒品，这是误食。吸毒是要受到治安处罚的，因为其主观明知是毒品仍然进食，具有一定的社会危害性。而误食毒品则不应该认定为吸毒，不应该受到处罚，因为其主观上不知情，法律不会因为一个人一无所知而惩罚其行为。

33. 我该如何举报涉毒违法犯罪行为?

解释:

发现涉毒违法犯罪行为，可以通过电话、书信、网络等各种形式直接向当地公安机关举报。

相关法规:

《刑事诉讼法》第一百零八条规定，任何单位和个人发现有犯罪事实或者犯罪嫌疑人，有权利也有义务向公安机关、人民检察院或者人民法院报案或者举报。

被害人对侵犯其人身、财产权利的犯罪事实或者犯罪嫌疑人，有权向公安机关、人民检察院或者人民法院报案或者控告。

公安机关、人民检察院或者人民法院对于报案、控告、举报，都应当接受。对于不属于自己管辖的，应当移送主管机关处理，并且通知报案人、控告人、举报人；对于不属于自己管辖而又必须采取紧急措施的，应当先采取紧急措施，然后移送主管机关。

举报证据：

（1）首先举报的应当是事实，而不能是主观臆断的事情，也就是说举报人对举报内容的真实性要负责！对于吸毒，只要举报人亲眼见到他人吸毒或正在准备吸毒的行为即可举报！

（2）举报材料就是证据的一种。

（3）举报内容的合逻辑性是举报能否被受理的根本。对于亲眼所见的举报事实，接举报单位一般会受理，对于道听途说的违法事实，要经过调查研究后才能决定是否受理。

（4）接举报单位对举报人是否具有与举报事实相适应的行为能力也会进行判别。

举报途径：

公民、法人和其他组织可以采取公开或匿名方式进行举报。举报方式一般有如下几种：

① 电话举报：举报人可以打 110 或者各级公安机关公布的举报电话。

② 短信举报：举报人可以编写手机短信，发送到各级公安机关的短信报警平台进行举报。

③ 网站举报：公安机关相关网站一般会公示举报电话、举报信箱、局长信箱等，可通过这些渠道进行举报。

④ 微信举报：举报人可以通过公安禁毒部门的微信公众号进行举报。

⑤ 来信举报：举报人可以写举报信邮寄到当地公安禁毒部门。

⑥ 来访举报：举报人要求当面举报的，可以直接到各级公安机关进行举报。

34. 涉毒违法犯罪举报人会得到什么样的保护和奖励？

案例 1：

2017 年 4 月 18 日，河南省禁毒委员会办公室、省公安厅、省财政厅联合召开毒品违法犯罪举报奖励新闻发布会。按照河南省公安厅、财政厅联合印发的《河南省举报毒品违法犯罪奖励办法》规定，举报毒品违法犯罪行为，最高可获人民币 30 万元的奖励。

奖励标准方面，举报人举报公安机关尚未发现或掌握的毒品违法犯罪活动或线索，经查证属实，按下列标准对举报人给予一次性奖励：

（1）举报吸食、注射毒品人员的，每查获一名奖励 500 元。

（2）举报走私、贩卖、运输以及非法持有毒品的，根据缴获毒品数量（毒品折算标准附后）进行奖励。① 10 克以下，每案奖励 500 元；② 10 克～100 克（含 100 克），每案奖励 2000 元；③ 100 克～1000 克（含 1000 克），每案奖励 5000 元；④ 1000 克～10000 克（含 10000 克），每案奖励 20000 元；⑤ 10000 克以上，每案奖励 30000 元。

（3）举报走私、非法买卖、运输国家管制的易制毒化学品的，根据缴获量进行奖励。缴获《易制毒化学品管理条例》中规定的第一类管制品种的，每 1000 千克奖励 2000 元；缴获第二类管制品种的，每 100 千克奖励 2000 元。

（4）举报非法种植毒品原植物，每铲除罂粟 100 株（大麻 1000 株），奖励 100 元。

（5）举报非法制造毒品、制毒物品加工厂（点）缴获毒品的，根据工厂（点）规模和缴获量给予奖励，每捣毁一个加工点奖励 10000 元，每捣毁一个加工厂奖励 50000 元。

（6）提供在逃重特大毒品犯罪案件嫌疑人线索的每抓获一名犯罪嫌疑人奖励 10000 元。

（7）举报其他涉毒违法犯罪线索的，根据查证情况在上述奖励幅度内视情予以奖励。

本办法对举报人的奖励最高不超过 30 万元。

《办法》规定，对于提供线索信息的群众，警方将严格予以保密，绝不透露您的私人信息，泄露举报人信息的，依法追究相关人员责任。希望广大群众积极行动起来，主动检举揭发毒品违法犯罪行为。

案例 2：广州快递员举报毒品犯罪立大功，获奖 30 万元。

2016 年 6 月中旬，广州一名快递小哥因举报毒品犯罪行为，被广州白云公安分局奖励 30 万元。他戴着变形金刚面具去领奖。

压缩机密封空气罐内藏“乾坤”

2016 年 3 月，有名男子来到白云区嘉禾街某国际货运代理公司，托运了 4 台空气压缩机，分别寄往境外不同的两个国家。在办理出关手续的过程中，托运的男子表示其联系不上收货方，要求更改托运地点，全部运往同一国家。这让工作人员感到很奇怪。

之后在对货物进行检查的过程中，工作人员发现压缩机的包装十分简陋，而且存在超重的现象。当快递小哥要求对 4 台压缩机进行实名登记时，种种情况让工作人员警觉起来，并立即将情况向警方反映。

警方对该批托运货物进行了进一步检查。通过 X 光机扫描，民警发现空气压缩机的密闭内胆内有可疑物品。

在工作人员见证下，民警拿来工具切开了压缩机，当切开密封的压缩机内胆时，里面竟然是包装好的一包一包的可疑白色晶体状物。民警当即依法扣押了这批货物，并将其送检。

很快，检验信息反馈回来：这些白色晶体全部是毒品冰毒。在 4 个压缩机内共藏有冰毒约 100 公斤！

台湾籍男子行为可疑被警方锁定

警方立即进行立案侦查，在前期初步调查过程中，民警发现当时来托运货物的男子并未留下托运者身份信息，甚至连收货方的信息也十分模糊，无法查实。

民警通过多方走访才得知，这批货物为一名台湾籍男子交付托运，而此人在去年也有向境外托运货物的记录。

鉴于案情重大，白云警方立即向上级公安机关汇报，将该案申报为目标案件，并成立专案组全面展开案件侦破工作。

通过调取监控、串联警情分析等基础工作，警方发现，该名台湾籍男子在广东东莞有一个货运代理档口，却雇用货车司机将货物运到广州后，另外委托货运代理公司转运出境。种种侦查结果让警方锁定了商某（49 岁，台湾人），许某（54 岁，湖北人）等人有重大嫌疑。

收 30 万元托运冰毒

在审讯过程中，商某供述：当年 3 月，其收到 100 公斤毒品冰毒后，购买了 4 台压缩机，将毒品分别藏入压缩机内胆中，并交由许某开车送至白云区嘉禾街某货运代理公司托运。事后，其按每公斤 3000 元人民币收取报酬 30 万元。

警方循线破获 2.1 吨制毒大案

商某落网后，其他几名涉案人员均有所警觉，这给专案组民警的侦查工作带来了一定的困难。办案民警想了很多办法，逐渐摸清了案情：自 2015 年开始，商某与几名台湾籍男子合伙运输内藏毒品的货物出境，而被警方查获的货物以及缴获的 280 多千克毒品，则是由几名台湾籍男子运到商某的货运代理档口，再由商某设法运往境外。

随着侦查工作的不断深入，2016 年 6 月，民警便发现了其中一名“货主”潘某（犯罪集团核心成员）在东莞常平活动的线索。于是专案组民警迅速赶往常平，摸查走访 10 多天，伏击守候多时，于 6 月 16 日 19 时许，在常平镇某大厦将该跨境贩毒团伙的核心成员潘某抓获，同时缴获一批毒品及军用手雷 3 枚。

在随后的两个多月里，民警为了追查另外几个台湾籍男子，真可谓是花尽心思，跑断腿脚。后在深圳警方的支持下，终在该市福永镇内某地查到了该团伙存货的仓库，查到了“货”是从福建运过来这里存放，且查实了该仓库就是 40 台拉线机的藏毒伪装点。

8 月下旬，办案民警来到福建，在福建警方的大力支持下，两地警方组成联合调查组，对相关情况展开排查工作。经大量的排查，两地警方排查到了相关线索，并在侦查中查实了另外 3 名台湾籍男子的真实身份。

依据排查情况，调查组有了初步的判断：3 名台湾籍男子就是该团伙掌握毒品的“源头”，且是走私毒品的核心成员。

结合福建龙岩市长汀县警方曾在 2015 年 11 月摧毁一制毒工场的情况，调查组又作了进一步的研判，分析他们与该起制毒案有关联，并以此推断出他们在福建还会有制毒场点的存在。

就此，一张大网已在两省悄然铺开……

时间到了 2016 年 9 月 4 日，广州、东莞两地警方联合出击，在东莞先后将杨某、李某等台湾籍制贩毒主要犯罪嫌疑人抓捕归案。

9 日，增城警方决定趁雨夜采取收网行动，对杨某等人建在该区正果镇一山林中的制毒工场展开突袭。10 日凌晨 5 时 30 分，由增城禁毒民警和刑警、特警、派出所等 90 多人组成的突击队发起了对制毒工场的突袭行动。分成三个梯队，并明确了各梯队的任务分工。是日凌晨 5 时 30 分，天色微亮，一二梯队接到搜山命令，随即突袭行动开始，两队突击队员迅速向山顶包抄，并形成合围之势。包围圈越来越小，空气中带有强酸和强碱的刺激性气味越来越浓，山路边 4 间并排的自建房屋尽收眼底。就在此时，突击队员加快了脚步，快速向目标进发。靠近、戒备、破门突击一气呵成，破门声划破寂静的山林。

通过搜查，发现其中三间房内分散摆放着大量用白色水桶盛放的冰毒成品和半成品，另外一间房屋内摆放着反应釜、氢气瓶等各种制毒工具，但并没有搜查到嫌疑人。随即突击队员又对农场内的羊圈及配电房等进行细致搜查，仍然没有搜到嫌疑人。随后，抓捕人员马不停蹄赶往该团伙位于增城区荔城街的落脚点，并在该团伙落脚处抓获 8 名嫌疑人。

之后，增城警方根据举报线索，迅速前往广东梅州市，将该团伙负责制造毒品的另 2 名台湾籍嫌疑人抓获归案，当场缴获现金 200 余万元。

据了解，增城警方此次收网行动，先后抓获涉嫌制毒的犯罪嫌疑人共 14 名，查获毒品成品 530 多千克，半成品 2 吨多，还有原材料、制毒工具等物一大批。

9 月 20 日 20 时许，广州、福建两地警方紧密合作，在厦门警方的支援下，迅速在厦门某地将重量级的制毒“师傅”张某抓捕归案。

9 月 21 日上午，广州、宁化警方联合出击，成功捣毁了该团伙建在宁化当地的一个制毒工场。

警方突袭制毒工场。

该案始发起，至重量级毒枭落网，历时 6 个月又 10 天。

从白云警方侦破的一宗运输毒品案，到广州市公安局禁毒支队介入并联手侦破一个又一个的系列案，直至增城警方摧毁制毒工场和最终广州、三明警方联合捣毁该团伙建的另一制毒工场。

警方展示部分毒品和藏毒工具。

从办案民警抓获运输毒品嫌疑人，到制毒主犯及重量级的制毒“师傅”全部到案，这个涉五国三省七市的特大制造贩卖走私毒品犯罪集团系列案全线告破。此案中，警方先后捣毁了3个制毒工场和1个存放毒品的仓库，共查获毒品成品约2.1吨，半成品2吨，以及原材料、制毒工具一大批。（来源：广东省禁毒办）

解释：

各地为了奖励毒品违法犯罪举报行为，出台了相关奖励办法。这些办法对奖励范围、条件、标准有明确规定。奖励一般采用物质奖励的形式，规定了从几十元到几万元甚至几十万元的不同奖励标准。这些办法大同小异，但需要注意的是，举报人所举报的毒品违法犯罪行为发生在本地行政区域范围内，适用于本地的奖励办法；举报人所举报的毒品违法犯罪行为发生在外地，一般适用于外地的奖励办法；具体可通过政府、公安相关网站或搜索引擎查看具体奖励措施。

我国多个法律法规谈及举报人保护问题。

《中华人民共和国宪法》第四十一条不仅规定了公民的举报和检举权利，而且规定了有关国家机关的义务，必须“查清事实，负责处理”；并且要保护举报人的权利，即不得被压制、报复。《刑法》和《刑事诉讼法》则分别规定了保护举报人的实体性规则和程序性规则。

我国《刑法》第二百五十四条规定的报复陷害罪以及该法第二百五十五条规定的打击报复举报人罪，都对打击报复举报人规定了刑事制裁措施。

《刑事诉讼法》第四十九条规定：“人民法院、人民检察院和公安机关应当保障证人及其近亲属的安全。对证人及其近亲属进行威胁、侮辱、殴打或者打击报复，构成犯罪的，依法追究刑事责任；尚不够刑事处罚的，依法给予治安管理处罚。”也适用于举报人。

《刑事诉讼法》第八十五条第三款规定，公安机关、人民检察院或者人民法院应当保障报案人、控告人、举报人及其近亲属的安全。

《最高人民检察院关于保护公民举报权利的规定》第五条规定，任何单位和个人不得以任何借口对公民的举报，进行阻拦、压制、刁难或打击报复。第六条规定，以各种借口和手段侵害举报人及其亲属、假想举报人的合法权益的，按打击报复论处。第七条规定，对打击报复举报人的案件应认真受理，经调查确属打击报复的，视情节轻重，区别性质，分别做出处理。以各种形式打击报复举报人不构成犯罪的，应向其所在单位的上一级主管部门提出检察建议，严肃处理。第八条规定确因受到打击报复而造成人身伤害及名誉、财产、经济损失的，举报人可依法要求赔偿，并向人民法院起诉，请求损害赔偿。

1991 年最高人民检察院发布《关于保护公民举报权利的规定》，以更为详尽的条文，对如何保护举报人做出了规定。该规定对于举报人的身份保密，列举了 7 条措施：受理举报应在固定场所进行，专人接谈，无关人员不得接待、旁听和询问；举报信件的收发、拆阅、登记、转办、保管和当面或电话举报的接待、接听、记录、录音等工作，应建立健全责任制，严防泄露或遗失举报材料；对举报人的姓名、工作单位、家庭住址等有关情况及举报的内容必须严格保密，举报材料不准私自摘抄和复制；严禁将举报材料和举报人的有关情况透露或者转给被举报单位和被举报人；向被举报单位或被举报人调查核实情况时，不得出示举报材料原件或者复印件；任何单位和个人不得追查举报人，对匿名举报除侦查工作需要外，不准鉴定笔迹；向举报人核查情况时，应在做好保密工作、不暴露举报人身份的情况下进行；在宣传报道和对举报有功人员的奖励工作中，除征得举报人的同意外，不得公开举报人的姓名、单位。

5

第五章

Chapter 5

戒毒康复篇

1. 吸毒上瘾后为什么难戒？为什么屡戒不断？

解释：

首先，当你吸食某种毒品的时候，你的身体会对这种外部的药物产生一种抵抗反应（事实上，身体会对大多数外部环境改变产生适应或相应的改变）。比如，当你吸食海洛因时，你的神经系统受到药物刺激后会使你感觉极度愉悦，但这种刺激过大，所以身体会形成一种相反的机制，对身体造成一定痛苦，抵消过度愉悦的刺激。

当长期服用药物后，神经系统会发生相应改变，比如增强抵抗反应，因而使药物的愉悦反应进一步降低，使得相同剂量下，造成的总效果减弱，后作用增强，从而增大了成瘾者对药物的依赖。

更糟糕的是，这种抵抗反应会通过条件反射习得，而条件反射的触发又十分容易，比如见到一个“狐朋狗友”，走到经常交易的地铁站，看到针管，或者仅仅是坐在原来吸毒的地方，都能触发条件发射。当条件反射发生时，身体会自发的产生“抵抗反应”（因为他觉得你要注射了），对你造成极大的痛苦，产生各种生理反应，逼迫你不得不使用毒品减轻这种痛苦。这也是为什么很多已经“成功戒毒”的人，当他们回到熟悉的环境后，很快就又重新染上毒品。

毒品不仅会使身体产生抵抗反应，还会对神经系统的日常功能造成结构性改变。大脑的很多功能由神经细胞相互传导实现，其中扮演重要角色的是神经递质，比如“多巴胺”就是一种跟快乐和动力有关的神经递质。神经递质由一个细胞释放，再由另一个细胞的感受器接收，这样便完成了神经信号的传导，这个过程支配着我们日常生活的喜怒哀乐、欢笑疼痛。如下图所示：

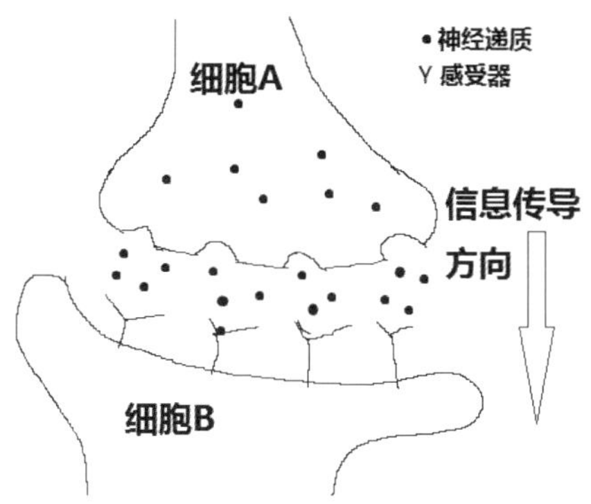

很多毒品其实是神经递质，或者神经递质替代物，或者促进 / 抑制某种神经递质的释放。当人们吸食毒品时，这些神经递质代替常规的神经递质，为人们制造快乐和愉悦的感觉。听起来似乎不错，但有两个巨大风险：

（1）因为刺激量过大，细胞受不了，所以减少了感受器的数量，使得造成同等愉悦的效果需要更多的神经递质。

（2）因为大量神经递质由外部获得，所以大脑减少了内部产生的神经递质，使得自然情况下（在没有毒品的情况下），由于缺乏神经递质，人无法感受到足够的快乐。

这两个效果加起来，使得人的日常心理、生理功能极度退化，离开毒品后基本无法正常运作。 答案中提到的成瘾性的大小，很大程度上就是取决于上述两个过程的快慢强弱。毒品药力越强，感受器和神经递质数量减少的就越快，对药物的依赖产生的就越快，离开药物后的痛苦也越大。

虽然这两个过程是可逆的（对于部分毒品来说，比如海洛因），即通过降低毒品剂量或者使用其他代替品，来使得神经系统恢复原来的水平（戒毒所能成功戒毒的原理也在于此），但这个过程会相当痛苦，戒毒者会活得生不如死，少则月余，多则年余，因此对于大多数人来说，戒毒极难。更何况成功戒毒后，又由于上面提到的条件反射的缘故，很容易再次崩盘。

一般人开始吸毒时，剂量很少，但效果很显著；后来产生依赖后，剂量越来越大，效果却一般，这是由于上面所说的生理上的改变，不再多说。戒毒一段时间后，由于神经系统恢复到从前的情况，所以变得对这些药物不那么麻木，很敏感。可戒毒成功者往往会在再次尝试时，使用他戒毒成功前的那个大剂量，但这个剂量对于他现在敏感的神经系统来说实在太大了，因此往往造成刺激过度当场死亡。

这也从侧面说明，神经系统变得“麻木”其实是一种对长期危害的保护措施，但这种保护措施造成了对药物的更大依赖。

戒毒是一个漫长而艰巨的任务，简单的停止吸食并不算戒毒成功，完整的医学戒毒治疗包括生理脱毒、心理脱瘾、康复治疗、回归社会等 4 个环节。大多数吸毒者止步第一环节，而痛不欲生的戒断反应无时无刻在动摇或是摧毁他们那脆弱不堪的戒毒念头。

即使意志力强的吸毒者闯过第一关，接下来的心理与精神上的依赖，活生生又将他们仅存的一点戒毒信念击得粉碎。可以说生理成瘾是毒品控制人的基础，心理成瘾更是将人变成一具现实生活中的行尸走肉。

成瘾后屡戒不断主要有如下原因：

吸毒者有精神依赖：这种依赖即“心瘾”。在心瘾的困扰下，戒毒者意志不够坚定，加上各种不利因素的影响，便经不起毒品的诱惑。

脱毒治疗不彻底：有的戒毒者接受了几小时或几天的快速脱毒治

疗后，误以为已经“完全解除毒瘾”。有的吸毒者在家里进行戒毒治疗，其方法不正规，控制不严格，自然容易复吸。

旧环境的影响：吸毒者在脱毒治疗结束返家后，看到以往的吸毒工具、吸毒的地方，都会让他想到毒品，诱发复吸。而且，吸毒者往往成帮结伙，有的吸毒者与毒贩子有着千丝万缕的联系，他们在快速脱毒后，又会回到原来这些“旧朋友”中间，受到他们的诱惑及压力，就很容易复吸。

家庭和社会支持不够：吸毒者经过脱毒治疗回到家庭和社会后，会经常受到各种挫折与打击，如家庭的冷遇、社会的歧视、经济的拮据等等，都是引起复吸的诱因。

错误的认识：“戒毒的这段日子太苦了，再吸最后一次，就决心与毒品告别”。结果是，吸了一口，前功尽弃，所谓戒毒“决心”只是泡影。

由于毒品已完全控制了患者的意志，扭曲了他们的人格，所以，作为戒毒病人的家属，不能因为其一时失足而遗弃他们，放弃治疗，相反，应从生理上积极帮助他们进行治疗，更应从心理上、人格上进行无微不至的关爱和呵护，树立他们战胜毒魔的勇气和信心，重新站立起来，开始新的人生。

2. 怎么认定吸毒成瘾和吸毒成瘾严重?

解释：

2017 年 4 月 1 日起施行的《吸毒成瘾认定办法》中，对吸毒成瘾的表述为：本办法所称吸毒成瘾，是指吸毒人员因反复使用毒品而导致的慢性复发性脑病，表现为不顾不良后果、强迫性寻求及使用毒品的行为，常伴有不同程度的个人健康及社会功能损害。

根据 2012 年卫生部制定的《氯胺酮依赖诊断治疗指导原则》,《吸毒成瘾认定办法（修订版）》在毒品种类和成瘾认定标准中增加了氯胺酮。

第七条规定，吸毒人员同时具备以下情形的，公安机关认定其吸毒成瘾：

（1）经人体生物样本检测证明其体内含有毒品成份；

（2）有证据证明其有使用毒品行为；

（3）有戒断症状或者有证据证明吸毒史，包括曾经因使用毒品被公安机关查处、曾经进行自愿戒毒、人体毛发样品检测出毒品成分等情形。

戒断症状的具体情形，参照卫生部制定的《阿片类药物依赖诊断治疗指导原则》和《苯丙胺类药物依赖诊断治疗指导原则》《氯胺酮依赖诊断治疗指导原则》确定。

第八条规定，吸毒成瘾人员具有下列情形之一的，公安机关认定其吸毒成瘾严重：

（1）曾经被责令社区戒毒、强制隔离戒毒（含《禁毒法》实施以前被强制戒毒或者劳教戒毒）、社区康复或者参加过戒毒药物维持治疗，再次吸食、注射毒品的；

（2）有证据证明其采取注射方式使用毒品或者至少 3 次使用累计涉及两类以上毒品的；

（3）有证据证明其使用毒品后伴有聚众淫乱、自伤自残或者暴力侵犯他人人身、财产安全或者妨害公共安全等行为的。

3. 吸毒人员通常要做哪些化验检查?

解释:

在对吸毒人员进行脱毒治疗前通常要做一些实验室检查，包括特异性的实验室检查和一般性实验室检查。特异性的实验室检查主要是对可疑吸毒人员进行的体液毒品分析检测，即尿检，它是作为诊断药物滥用的客观依据之一。一般性实验室检查通常是在自愿戒毒场所内，医务人员在对戒毒人员实施药物治疗之前为保证脱毒治疗安全顺利地进行而开展的一些相关实验室检查。常做的实验室检查包括：

（1）三大常规（血、尿类常规）检查：尤其是血常规检查对发现静脉用毒品者的感染有很大的临床价值。

（2）肝功能检查：长期大量使用毒品对肝功能的影响众所周知，绝大部分药物依赖者有亚临床肝病，病毒性肝病也尤其常见。戒毒药物一般通过肝脏代谢，肝功能受损程度对药物治疗有直接的关系。

（3）心电图检查：临床所见，海洛因依赖者心肌缺血性和损伤性改变众多，也不乏心律失常心内膜炎患者，尤其是在临床使用药物治疗的过程中，心电图的检查尤为重要。

（4）胸部 X 线检查：对烫吸海洛因的患者而言，尤其是烫吸“黄皮”患者，呼吸系统疾病的感染率非常高。由于长期吸毒，抵抗力低下，结核病也较常见，X 线检查可及时发现这些疾病，及时处理。

（5）梅毒血清学检查：阿片类药物依赖患者中性病的发生率高于一般人群。

（6）艾滋病检查：目前静脉使用毒品在艾滋病的传播中起着举足轻重的作用，及时发现艾滋病病毒携带者，对预防艾滋病的传播有非常积极的意义。

（7）丙型肝炎的检查：国内有学者统计，海洛因依赖患者丙肝感染率高达 80%。目前丙型肝炎的检查已成为海洛因依赖患者治疗中的一项常规检查。

（8）肾功能检查：使用毒品所致肾炎也越来越多，所以肾功能的检查也能及时发现问题，及时治疗。

（9）其他检查：根据需要可选做细菌学、免疫学、血液流变学和 B 超等影像学检查。

4. 有哪些有效的戒毒方法？

解释：

戒毒治疗的方法主要包括药物治疗、物理治疗、心理社会治疗等。药物治疗需根据滥用物质（毒品）的种类及临床症状等来确定用药方案。以阿片类物质成瘾为例，其药物治疗因治疗方法和目的等的不同而异。以戒断（俗称“戒毒”）为目的的治疗可分为早期的替代递减性脱毒治疗（如美沙酮）和非替代性脱毒治疗（如可乐定），以及随后的稽延性戒断症状治疗，以及以纳曲酮代表的防复吸治疗；以社区药物维持治疗为手段的治疗目前主要使用美沙酮为代表的药物进行长期的药物替代维持治疗。物理治疗主要包括电针、深部脑刺激、重复性经颅磁刺激等，目前正处于探索研究阶段。此外，心理社会治疗（如动机强化治疗等）也是重要环节，药物治疗同时配合心理社会治疗可提高治疗效果，从而达到预防复吸的目的。

5. 现阶段有哪些有效的戒毒药物？

解释：

目前针对海洛因成瘾的美沙酮只是替代治疗的药物，需要长期坚持每天用药，才能在一定程度上降低心理渴求和防止复吸。海洛因成瘾的脱毒治疗还可使用丁丙诺啡等药物。海洛因成瘾者脱毒后使用纳曲酮等防复吸治疗，也是对部分人有较好的效果。而针对冰毒等合成毒品成瘾者的戒毒治疗，主要是对症治疗，如对出现精神病性症状者使用抗精神病药物控制精神病相关的症状等；目前并无确切的降低合成毒品成瘾者“心瘾”的药物，可试用安非他酮等抗抑郁药物和一些抗精神病药物。即使是中药戒毒治疗，大多也是以综合调理为主，同样也并没有减低复吸毒品行为的药物。戒毒过程中的毒品复吸的相关因素非常复杂，既包含了生理因素，也包含了心理和社会因素，所以戒毒是一个身心康复的综合系统的过程，一般都是在保证药物治疗的基础之上，同时进行专业的心理康复治疗，才能最终达到戒毒的目的。

6. 戒毒所戒毒、医院戒毒、社区戒毒分别在什么情况下适用？

解释：

在我国现行戒毒法律制度即《禁毒法》和《戒毒条例》中规定了自愿戒毒、强制隔离戒毒、社区戒毒、社区康复 4 种戒毒措施，题目中分作戒毒所戒毒、医院戒毒、社区戒毒 3 种形式，分别可作如下理解：“医院戒毒”通常对应自愿戒毒措施。国家鼓励吸毒成瘾人员自行戒除毒瘾，自愿接受戒毒治疗的吸毒人员即自愿戒毒人员，其原吸毒行为不予处罚。自愿戒毒包括脱毒治疗、心理康复、行为矫治等多种治疗措施，也包括参加戒毒药物维持治疗（美沙酮门诊）这种形式。自愿戒毒以自愿为前提，适用于所有吸毒成瘾人员。“戒毒所戒毒”，就是强制隔离戒毒措施。强制隔离戒毒通常适用于三大类情况：第一类属于通过社区戒毒等戒毒措施无法矫治的情况，具体包括 4 种情形：一是拒绝接受社区戒毒的；二是在社区戒毒期间吸食、注射毒品的；三是严重违反社区戒毒协议的；四是经社区戒毒、强制隔离戒毒后再次吸食、注射毒品的。第二类情况属于公安机关根据其成瘾症状直接适用强制隔离戒毒措施的，即吸毒成瘾严重，通过社区戒毒难以戒除毒瘾的人员。第三类情况属于经申请后适用的，即吸毒成瘾人员自愿接受强制隔离戒毒，在经过公安机关同意后进入强制隔离戒毒场所戒毒。社区戒毒的适用情形主要包括两种情况：第一类是通常情况，即因吸毒被公安机关查处并认定成瘾的人员，公安机关可以责令其接受社区戒毒。第二类情况是吸毒成瘾严重但不符合强制隔离戒毒条件的人员，具体包括两种情况：一种是怀孕或正在哺乳自己不满一周岁婴儿的妇女，不适用强制隔离戒毒而适用社区戒毒；另一种是不满 16 周岁的未成年人，可以不适用强制隔离戒毒而适用社区戒毒。此外，被解除强制隔离戒毒的出所人员，如果强制隔离戒毒决定机关责令其接受社区康复（不超过 3 年），社区康复参照社区戒毒的有关规定实施。

7. 成瘾者想要戒毒，如何在所在地寻找相关机构和帮助？

解释：

可以提供戒毒治疗的机构主要有以下几种：①美沙酮维持治疗门诊；②精神疾病诊疗机构（精神疾病专科医院、综合医院的精神科或药物依赖科）；③自愿戒毒医院；④强制隔离戒毒所；⑤戒毒心理康复机构。

这几类机构的功能类似，但面向的人群有所不同。

对于以海洛因为代表的阿片类药物成瘾患者，如果患者经济条件一般、不介意暴露身份，又或者已经登记在册了的话，建议首选美沙酮维持治疗门诊。其优点是价格便宜，替代治疗海洛因效果也不错，可以恢复社会功能；这种治疗需要登记个人信息，全国联网，每天需定点服药，患者生活出行可能受到一些限制。

以下为申请加入美沙酮维持治疗的程序：

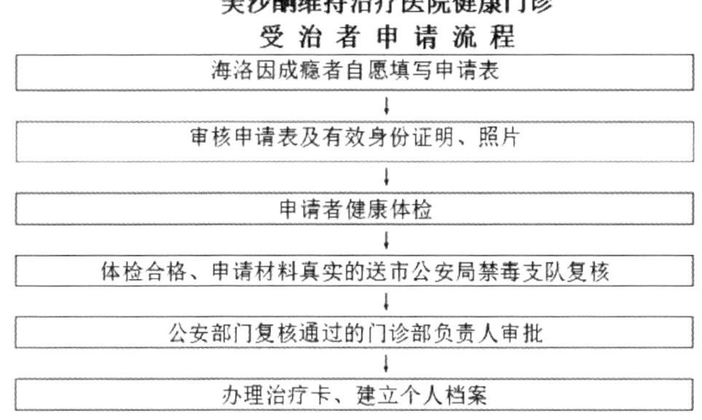

美沙酮维持治疗医院健康门诊
受治者申请流程

海洛因成瘾者自愿填写申请表
↓
审核申请表及有效身份证明、照片
↓
申请者健康体检
↓
体检合格、申请材料真实的送市公安局禁毒支队复核
↓
公安部门复核通过的门诊部负责人审批
↓
办理治疗卡、建立个人档案

若被批准加入美沙酮维持治疗点，在接受治疗前需与维持治疗点签订知情同意书，以确保能按要求每天参加治疗并在治疗期间不再使用毒品。治疗期间禁止偷吸毒品、禁止饮酒，若治疗期间 6 个月内累计 15 天或一次性连续 15 天未到门诊服用美沙酮者，门诊将中止其治疗。

如果上述患者不愿意暴露身份，则可选择精神疾病诊疗机构或自愿戒毒医院。但一般来说，治疗费用肯定比美沙酮维持治疗贵，另外，多数机构心理干预力度小，缺乏系统化的心瘾消除治疗。

对于新型合成毒品成瘾患者（即以甲基苯丙胺为主要成分的如冰毒、麻古“开心水”等），不能使用美沙酮维持治疗疗法，首选精神疾病诊疗机构，其次才是自愿戒毒所。因为，新型合成毒品的成瘾患者往往伴发有精神症状或人格改变，比如幻觉、妄想、易怒、抑郁甚至有攻击行为等，须先接受精神科药物治疗。

戒毒心理康复机构则适用于已经戒除躯体依赖的毒瘾患者，应该寻找能深入进行心理干预和家庭治疗的康复机构。对于经济条件比较差的患者，也可以寻求社工机构的帮助。

对于经济条件比较好、有工作、戒断愿望强烈的患者，则建议选择系统化、高效化、人性化和专业化的成瘾治疗康复机构，尤其是要选择在心瘾消除方面经验极其丰富的机构，因为这是康复的关键和根本。

8. 作为吸毒者的亲人，怎么配合吸毒者戒毒？

解释：

吸毒者是社会中的一类特殊群体，他们既是违法者，又是受害者，从医学的角度看，吸毒者也是病人。因此，吸毒者具有双重性质的身份，要正确对待吸毒者，即不要把吸毒者看作是犯罪分子，不要歧视他们，又要区别于一般的病人。所以家人的心态需摆正。

不仅是吸毒者自身，家属也应该掌握基本的毒品知识，比如什么是毒品，为什么吸毒会成瘾，吸毒后有什么表现，戒断毒品时的戒断症状，为什么毒瘾难以戒除等。

家属一旦发现亲人染上毒瘾，应该弄清楚他吸毒的时间长短，是否已经成瘾，掌握他们的心理、人格、行为和躯体特征，了解什么是真正的戒毒，并且充分认识到家庭因素对吸毒和戒毒成功有着重大的影响作用。这是能正确对待吸毒者的基础。

吸毒患者首先是病人。吸毒一旦成瘾，其强烈的生理、心理依赖就不是靠其意志可控制得了的。

事实上，吸毒者在清醒的状态下也有戒除毒品的强烈意愿，而一旦毒瘾发作，极其痛苦的戒断症状或强烈的心瘾就会迫使其依赖毒品以求解脱，所以，很多吸毒者在无法找到毒品的时候，甚至不惜自残以期缓解无法忍受的心理、生理痛苦，这是常人无法想象的。所以，对于吸毒者而言，他们首先是病人。

作为吸毒者的亲人，一定要做好打持久战的思想准备。戒毒实践证明，生理戒毒容易而心理戒毒十分艰难，因此对于一个戒断毒瘾的人来说，在戒毒的过程中，他极有可能会出现复吸。作为家属要有信心和耐心，戒断毒瘾可能不是一个月、一年、两年能够解决的，这需要很长的时间。

吸毒成瘾者往往在遇到恶劣心情时如失恋、失业等，在情绪低落时，他们又会向往吸毒时的愉快，从而失去自我控制力，回到毒品的怀抱。因此在这段时间内，父母、亲友应该帮助他们克服焦虑、烦躁的心情，对他的这种心情要给予充分的理解，要不断地给予鼓励，不断地提醒他们戒毒需要毅力，需要信心，需要耐心，只有“心瘾”完全戒除，戒毒才会成功。

在这个世界上没有什么比亲人的谅解和支持，更能使那些吸毒成瘾的患者勇敢地去面对现实。他们最为需要的是家庭的温暖，父母们应以同情、谅解、关怀和爱心帮助他们。若此时家人都不关怀他们，甚至抛弃他们，意志薄弱者的吸毒者又会走上复吸的道路。

作为吸毒者的家属，你可以这么做：

（1）使用药物治疗，因为药物治疗可以帮助戒毒患者加快毒素的代谢，消除精神病症状，同时，还可治疗各种可能并发的躯体疾病，加强身体素质，缩短病程。

（2）家属得先通过家庭内部的交流与沟通，帮助、引导戒毒者重建正常的思维和行为模式，形成正确的社会交流模式，然后扩展到家庭外部的交流与活动，帮助他们断绝与过去毒友的来往，鼓励他们参加有创造性、有挑战性、有益于身心健康的社会活动，在活动中结识新的朋友，鼓励他们将自己要好的朋友带到家里，以便及时了解他们所交朋友的情况等等。

（3）对于戒毒中的患者，家属要精心照顾他们的生活，在精神上给予支持，减轻他们的心理压力，帮助他们建立正常的生活秩序和养成良好的生活习惯。

（4）家属对吸毒者要给予积极的关怀教育，做到动之以情、晓之以理，并且持之以恒，绝不能采取简单粗暴、溺爱哀求、放任自流的方式。因为这样做不仅对吸毒者没有丝毫作用，更会强化他们的吸毒意识，给戒毒带来困难。

（5）亲属也要检查自己的家庭本身是否存在着缺陷，要消除导致吸毒者成瘾的家庭因素，化解家庭矛盾的症结。处理家庭矛盾时要少一些争吵、训斥、发怒、毁物，多一些温馨关怀、沟通理解、谅解支持，这也是正确对待吸毒者的重要方法。

而对于吸毒时间较长、吸毒量也比较大的成人，在家自行戒毒的成功率微乎其微。因为面对严重的戒断症状，没有一套完整的、有效的脱毒方案，是极难平安度过的，绝大多数以失败告终。

对于刚刚吸上毒的青少年及吸毒时间较短、吸毒量小的孩子，也许他们吸毒只是好奇，暂时还没成瘾，还没有形成一种吸毒者固定的畸形生活方式。即使这样，家长也不要存在侥幸心理，一定要咨询戒毒机构的医生，要在医生的指导下正确管理这样的孩子。教育孩子一定不要对毒品有好奇心理，要让孩子知道如果再尝试毒品是会上瘾的，一定要把好第一关，不要让孩子越陷越深。这个阶段很关键，这关系到孩子一生的前途和命运，如果处理不好，这样的孩子将成为毒品的奴隶。

9. 吸毒成瘾者可以在家靠自己完成戒毒吗?

解释：

成瘾是一种疾病，被誉为世界十大医学难题之一，最安全、高效治疗渠道应该是到专业化、高效化、人性化的机构接受治疗。众多患者的尝试也告诉我们，自己在家里戒毒的成功率极低。

尤其是对于以海洛因为代表的阿片类毒品成瘾患者，戒断症状较重，自己戒毒的风险很高，甚至可能有生命危险。

对于新型合成毒品成瘾患者，如果其没有精神症状，靠自己戒除躯体依赖的可能性是有的。但如果有精神症状，可能会有自残或攻击行为，最好到医院精神科接受治疗。

可是，戒毒的目的只是短暂地戒除躯体依赖吗？远远不是，最终目的应该是患者心理和社会功能的康复。只要心瘾未消除，令患者患上毒瘾的内在因素还在，比如家庭关系恶劣，经常接触“毒友”，情绪波动等等，复发的可能性非常大。

当然，有个别戒毒愿望极强烈、“心瘾”不重的患者靠自己彻底戒掉了毒瘾，但往往最关键的是他们得到了家人充分的理解和支持。可这种个案少之又少。

因此，自行戒毒成功的可能性不是绝对没有。但一旦失败，产生挫败感，毒瘾可能变本加厉，请不要轻易尝试。

10. 戒毒者需要注意避免哪些行为？

解释：

（1）不要迷信“特效药”。由于海洛因依赖者在脱毒治疗后复吸率高，患者及家人便希望有一种能彻底根治毒瘾的特效药，于是许多人费尽心思挖掘古方，近年来常有“秘方成功”之传说，使江湖游医大发其财。把戒毒的希望寄托在特效药上是错误的，因为药物依赖者需要调整的是人生态度和生活方式，对这一点，药物是无能为力的。

（2）不要盲目听信传说。常听前来戒毒的患者说：某某地方有一种脱瘾的针，注射后就会出现一些四处摸索的动作，说是在寻找注射空针、药物，是在发药瘾，药瘾一过，身体里的毒就没有了。还有人说某种理疗方法可彻底根治毒瘾，还有的人认为换血后可以根治等等。以上这些说法都是没有科学道理的。由于大多数吸毒者都有多次戒毒失败的经历，常常四处求医，容易轻信传说。

（3）不要放纵自己。很多戒毒后的人均因放纵自己而成为复吸者。有人认为，吸一口不会上瘾；有的人则对自己说，吸最后一口就再不去碰毒品，与毒品彻底决裂。这些想法是非常错误的。戒毒后绝对不能再去碰毒品，哪怕是一口也会使此前所有的努力功亏一篑。

（4）不要乱投医。有资料证明，戒毒成功率的高低除了与社会支持、家庭关怀、良好的自制力和决心相关外，还与医生的医德、技术有关。戒毒者最好到正规的戒毒中心去治疗，一来可以得到国内比较先进的治疗药物和先进的治疗方法，更重要的是可以及时发现戒断反应中的并发症。

（5）不要逃避社会。社会的支持是戒毒成功的重要保证。逃避现实，害怕结识新朋友，会使戒毒者重新回到以前的朋友圈子里，最终导致复吸。

（6）不要随意怀孕。女性吸毒者或者夫妻双方均吸毒的家庭，如果不能彻底戒除毒品，最好不要生育，因为海洛因可致流产、早产和死胎。一些婴儿即使出生时成活，也会因体重不足、戒断综合征等原因而夭折。更为重要的是小孩的教育问题，吸毒者的家庭环境对小孩的成长极为不利。

11. 苯丙胺类兴奋剂上瘾者应如何治疗?

解释:

其戒毒治疗主要是对症治疗和心理治疗，切忌采用海洛因依赖的治疗方法如美沙酮脱毒和维持疗法。对出现妄想、幻觉等分裂样精神病性症状的吸毒者，一般采用住院观察治疗方法，或用氟哌啶醇或安定等进行药物治疗。

临床观察表明，只要停止吸食苯丙胺类兴奋剂，即使不给予特殊药物治疗，吸毒者的精神病理性症状也会消失而恢复正常。但这些症状即使消失（而不是治愈），也会在吸毒者的中枢神经系统上留下深深的烙印。即使停止吸毒几年或数十年，吸毒者可仍然残留一些如妄想幻觉等分裂样精神病性症状。也可能在一时治愈后，经过几年或十几年因再次吸毒（哪怕是一至两次）或在药物中毒、醉酒、精神压力等非吸毒因素的刺激下突然再次发作精神疾病。所以，苯丙胺类兴奋剂的精神治疗是一个长期的过程。

12. 戒毒过程中，毒瘾反复发作怎么办？

解释：

我们首先要了解什么是毒瘾发作，还要看戒毒者之前使用的是什么类型的毒品，然后才能决定采用什么样的应对办法。

不管使用什么类型的毒品，吸毒都会成瘾。成瘾在医学上一般称为药物依赖。吸毒成瘾是指毒品与机体相互作用造成的一种精神状态和身体状态，从而表现出一种强迫性或定期使用毒品行为和其它反应，使用毒品的目的一是体验它的精神效应，二是避免由于断药所引起的不舒适感。吸毒成瘾一般分为身体依赖和精神依赖，也就是生理上的瘾和心理上的瘾。毒瘾发作就是机体由于长期反复使用毒品，建立了机体内毒品存在下的平衡，使机体处于适应状态，中断打破这种平衡便出现一系列强烈的躯体方面甚至精神方面的反应，也就是出现戒断症状，造成人体生理生化过程异常或紊乱的状态。

阿片类毒品的毒瘾发作的身体症状比较明显，苯丙胺类兴奋剂类毒品毒瘾发作的精神症状比较明显，戒毒者伴有不同程度的个人健康及社会功能损害。

目前，我们应对阿片类毒品毒瘾发作的主要有药物疗法和非药物疗法。药物疗法主要有替代法比如美沙酮等，因为阿片类毒品依赖是一种慢性、高复发性疾病，其戒毒治疗是一个长期过程，对阿片类药物依赖治疗要综合医学、心理、社会等多种措施，包括停止滥用药物、针对戒断症状给予脱毒治疗、针对心理依赖及其它躯体、心理、社会功能损害进行康复和防复吸治疗，最终实现吸毒人员的康复和回归社会。比如如果是因为毒友相互联系而引发的毒瘾发作行为，最好能断绝与毒友之间的来往；如果是因为社会家庭人际关系或心理情绪引发的，则需要求助专业的心理康复机构进行相关的防复吸训练。总体而言，戒毒是一个长期的过程，需要有科学、系统的戒毒方法。

针对苯丙胺类兴奋剂类毒品，毒瘾发作是多为对症处理，同时给予心理行为治疗。针对此类毒品的戒断症状，目前尚无可推荐的替代药物。一般来说，如能保证充足的睡眠和营养，大部分症状可在几日后逐渐消失，不需要特殊处理。部分吸毒人员在停药后出现较为严重的抑郁，可持续数周或更长时间，需密切注意，防范自杀自残等行为失控行为的发生。

13. 成功戒毒需要支付多少费用?

解释:

首先，强制隔离戒毒是不需要自行交费的。自愿戒毒的费用在不同的地区和不同的戒毒机构，因其硬件条件和相关成本的差异，戒毒费用的价格相差较大，所以很难有一个确定的费用数额。此外，戒毒成功相关的因素有很多，例如吸食毒品种类、吸毒者的吸毒年限、社会环境等等。但主要因素则是科学的戒毒方法、成瘾者个人的配合程度和家庭系统的支持这三个因素。如果缺乏这三个主要因素，就算花再多的钱也不可能戒毒成功。所以，戒毒支付的费用高低并不是戒毒成功与否的关键因素。

14. 什么情况下会被强制隔离戒毒？程序是怎样的?

解释:

吸毒人员有下列情形之一的，由县级以上公安机关作出强制隔离戒毒决定。

（1）拒绝接受社区戒毒的；

（2）在社区戒毒期间吸食、注射毒品的；

（3）严重违反社区戒毒协议的；

（4）经社区戒毒、强制隔离戒毒后再次吸食、注射毒品的。

对于吸毒成瘾严重，通过社区戒毒难以戒除毒瘾的人员，公安机关可以直接作出强制隔离戒毒的决定。

吸毒成瘾人员自愿接受强制隔离戒毒的，经公安机关同意，可以进入强制隔离戒毒场所戒毒。

《吸毒成瘾认定办法》对强制隔离戒毒作出了具体操作办法和程序，首先，作出吸毒成瘾认定，由公安机关或者其委托的戒毒医疗机构通过对吸毒人员进行人体生物样本检测、收集其吸毒证据或者根据生理、心理、精神的症状、体征等情况，判断其是否成瘾以及是否成瘾严重的工作。其次，公安机关认定其吸毒成瘾，吸毒人员同时具备以下情形的：（1）经血液、尿液和唾液等人体生物样本检测证明其体内含有毒品成分；（2）有证据证明其有使用毒品行为；（3）有戒断症状或者有证据证明吸毒史，包括曾经因使用毒品被公安机关查处、曾经进行自愿戒毒、人体毛发样品检测出毒品成分等情形。公安机关认定其吸毒成瘾严重，吸毒成瘾人员具有下列情形 之一的：（1）曾经被责令社区戒毒、强制隔离戒毒（含《禁毒法》实施以前被强制戒毒或者劳教戒毒）、社区康复或者参加过戒毒药物维持治疗，再次吸食、注射毒品的；（2）有证据证明其采取注射方式使用毒品或者至少3次使用累计涉及两类以上毒品的；（3）有证据证明其使用毒品后伴有聚众淫乱、自伤自残或者暴力侵犯他人人身、财产安全或者妨害公共安全等行为的。公安机关认定吸毒成瘾的程序安排包括认定应当由两名以上人民警察进行，并在作出人体生物样本检测结论的 24 小时内提出认定意见，由认定人员签名，经所在单位负责人审核，加盖所在单位印章。有关证据材料，应当作为认定意见的组成部分。公安机关也可委托有资质的戒毒医疗机构通 过对吸毒人员进行人体生物样本检测、收集其吸毒证据或者 根据生理、心理、精神的症状、体征等情况，判断其是否成瘾以及是否成瘾严重的工作。戒毒医疗机构符合条件和由省级卫生行政部门会同同级公安机关指定。戒毒医疗机构应当自接受委托认定之日起 3 个工作日内出具吸毒成瘾认定报告，由认定人员签名并加盖戒毒医疗机构公章。

15. 拒绝社区戒毒尿检呈阴性就不会被强制隔离戒毒了吗?

案例:

2015 年 1 月 30 日，浙江省桐庐警方在一家娱乐场所内抓获秦某，尿样检测呈阳性。秦某承认伙同他人吸食冰毒的事实。桐庐警方经查证，发现秦某来桐庐工作之前因吸食冰毒曾被江苏无锡警方行政拘留。2 月 25 日，桐庐警方在秦某行政拘留执行完毕的当日，将《社区戒毒决定书》送达秦某，责令其在 15 日内到现居住地的街道接受社区戒毒 3 年。

3 月下旬，桐庐警方发现秦某并没有根据规定前往执行地报到并接受社区戒毒，遂将其抓获归案。被抓后，虽然秦某的尿样经检测为阴性，但桐庐警方仍对其做出了强制隔离戒毒的决定。

解释:

根据国务院《戒毒条例》，社区戒毒人员应当自收到责令社区戒毒决定书之日起 15 日内到社区戒毒执行地乡（镇）人民政府、城市街道办事处报到，无正当理由逾期不报到的，视为拒绝接受社区戒毒。因此，秦某的行为可视作拒绝接受社区戒毒。

根据《中华人民共和国禁毒法》相关规定，接受社区戒毒的戒毒人员应当遵守法律、法规，自觉履行社区戒毒协议，并根据公安机关的要求，定期接受检测。如果吸毒成瘾人员有下列情形之一的，由县级以上人民政府公安机关作出强制隔离戒毒决定：（1）拒绝接受社区戒毒的；（2）在社区戒毒期间吸食、注射毒品的；（3）严重违反社区戒毒协议的；（4）经社区戒毒、强制隔离戒毒后再次吸食、注射毒品的。

16. 戒毒期间和戒毒后需要持续进行尿检吗？分别要持续多久？

解释：

尿检是公安机关判断行政相对人是否有吸毒行为以及进一步确认吸毒者是否成瘾的必要条件和法定手段。是否需要尿检，根据吸毒者所处的不同戒治阶段，分别有相应的规定。未曾被公安机关发现的吸毒者，若自愿进入戒毒医疗机构进行戒毒治疗，公安机关对以前的吸毒行为不予处罚，那么也就意味着公安机关在自愿戒毒期间不应当介入对吸毒者的管理，所以在自愿戒毒期间是无需强制尿检的。当然，戒毒医疗机构出于对吸毒者进行体检以及检测戒治效果等目的，可以对吸毒者进行尿液检测，但不是查证是否存在吸毒行为的。此外，当吸毒者被决定采取社区戒毒措施或者在强制隔离戒毒出所之后被采取社区康复措施之时，应当不定期接受尿检，作为社区戒毒或者社区康复的执行措施，尿检由社区戒毒或者社区康复所在地辖区公安机关负责。而吸毒者若因为吸毒行为被公安机关查获，根据《禁毒法》的规定，应当实施动态管控，因此只要具有吸毒前科的行为人，是在我国境内的宾馆入住并使用自己的身份证登记，就必须无条件地接受公安机关的强制尿检。目前我国的法律并没有明确吸毒者被强制尿检的法定期限，也就是说，只要成瘾者的吸毒行为在公安机关有过被抓或被强制戒毒的相关记录，就可能面临在我国境内的宾馆等特定场所下的终身强制尿检。

17. 喝葡萄酒可以帮助吸毒者转移毒瘾吗

（漫画作者：何能）

解释：

红葡萄酒是酒类中唯一的碱性酒。红葡萄酒的健康功效有很多，如美容养颜、预防癌症、有利于促进睡眠等等。

近年来，科学家发现红葡萄酒可以在一定程度上帮助瘾君子跟冰毒说“NO.”。

这主要得益于红葡萄酒中的一种物质——白藜芦醇。白藜芦醇是红葡萄酒中的一种抗氧化物质，这种物质能够非常有效地保护血管，还有助于消除血管中的淤块。

印度艺术与科技大学心理科学系副教授丹尼斯·米勒与美国密苏里大学转译神经科学研究中心的研究人员通过研究认为，吸毒人员在服用冰毒后，神经递质多巴胺也会随之增加，这将使得瘾君子更加渴望吸食毒品，而白藜芦醇则能有效对抗多巴胺的增长。

此外，白藜芦醇也能够有效地抑制激发癌细胞增长的酶的活动，以防止人体免疫力下降。它还能防止中风、帕金森氏综合症和老年痴呆症。

18. 毒瘾能否彻底戒除?

解释:

毒品成瘾是一种慢性复发性疾病，就像高血压、糖尿病等慢性疾病相似。成瘾者对毒品的依赖主要分为躯体依赖和精神依赖，其中躯体依赖可以通过药物治疗完全控制或消除。而精神依赖主要是指成瘾者对毒品的心理渴求，也就是“心瘾”。“心瘾”通常长期存在，可减轻，但往往难以彻底摆脱。目前尚未有彻底治疗控制毒品“心瘾”的药物或手段。通过美沙酮维持治疗能够有效地降低海洛因成瘾者的心瘾，防止复吸，但是毒瘾的彻底戒除方法目前仍然处于研究阶段，需要成瘾者自己有坚定的戒毒动机，也需要社会和家庭的系统支持。

思考题

一、单选题

1. K 粉在医学上称为：(　　)

   A. 氯胺酮　　B. 卡西酮

   C. 甲基苯丙胺　　D. 乙酰芬太尼

2. 下列哪个不是毒品的特性：(　　)

   A. 成瘾性　　B. 危害性

   C. 违法性　　D. 易用性

3. 鸦片传入中国，始于：(　　)

   A. 公元前 139 年　　B. 三国时期

   C. 唐代　　D. 北宋

4. 冰毒又名：(　　)

   A. 甲卡西酮　　B. 乙基苯丙胺

   C. 甲基苯丙胺　　D. 奥芬太尼

5. 冰毒是由哪国人合成的：(　　)

   A. 德国　　B. 英国

   C. 美国　　D. 日本

6. 哪种毒品源于罂粟植物蒴果：(　　)

   A. 鸦片　　B. 大麻

   C. 海洛因　　D. 可卡因

7. 麻古的主要成分和下列哪种毒品基本相同：(　　)

   A. 摇头丸　　B.K 粉

   C. 海洛因　　D. 冰毒

8. 以下不是合成毒品是：（ ）
A. 摇头丸 B. 阿片
C. 冰毒 D. 甲卡西酮

9. 麻古的主要成分是：（ ）
A. 甲基苯丙胺 B. 乙基苯丙胺
C. 鸦片 D. 可卡因

10. 下列毒品中属于麻醉类毒品的是：（ ）
A. 冰毒 B. 摇头丸
C. 可卡因 D. 芬特尼

11. “金三角”位于哪三国的三角地带：（ ）
A. 泰国、缅甸、老挝 B. 越南、老挝、柬埔寨
C. 伊朗、阿富汗、伊拉克 D. 新加坡、泰国、马来西亚

12. 金新月国际毒源地是指以下哪几个国家：（ ）
A. 老挝、缅甸、泰国 B. 伊朗、阿富汗、巴基斯坦
C. 印度、斯里兰卡、阿联酋 D. 新加坡、伊朗、菲律宾

13. 白面、白粉指的是下列哪种毒品：（ ）
A. 冰毒 B. 海洛因
C. 大麻 D. 料子

14. 冰毒作为兴奋剂，又能产生致幻作用，但冰毒和迷幻蘑菇相比较，两者除了致幻作用相类似以外，最大的不同在于：（ ）
A. 吸食冰毒会造成中枢神经不可逆的损伤
B. 吸食冰毒以后会造成强烈的躁狂或抑郁的情绪体验
C. 吸食冰毒过量的容易造成呼吸神经麻痹而导致死亡
D. 以上内容都有

15. 恰特草之所以成为国家管制范围，是因为其茎叶含有天然的成分，对人的中枢神经有刺激作用：(　　)

A. 氯胺酮　　B. 可卡因

C. 卡西酮　　D. 吗啡

16. 麦角酸二乙基酰胺（LSD）之所以是最强烈的致幻剂，因为其致幻的典型剂量相当于一粒沙子重量的十分之一，其剂量是（　　）

A.0.1 克　　B.0.01 克

C.1 毫克　　D.0.1 毫克

17. 被称为现代迷魂药的三唑仑是一种强效的（　　）

A. 致幻剂　　B. 兴奋剂

C. 麻醉剂　　D. 氧化剂

18. 毒品对社会的危害具体有哪些：(　　)

A. 影响生产，造成社会财富的巨大损失和浪费

B. 扰乱社会治安

C. 造成环境恶化，缩小人类的生存空间

D. 以上答案都对

19. 毒品进入人体的方式主要包括：(　　)

A. 消化道、呼吸道途径　　B. 针具注射途径

C. 皮肤黏膜途径　　D. 以上都有

20. 中宣部、中央网信办、公安部等 14 个部门联合制定的《全国青少年毒品预防教育工作规划（2016—2018）》规定，要力争用 3 年时间，使 18 岁以下未成年人涉毒违法犯罪人数占涉毒违法犯罪总人数比例不高于：(　　)

A.3%　　B.4%

C.5%　　D.6%

21. 中宣部、中央网信办、公安部等 14 个部门联合制定的《全国青少年毒品预防教育工作规划（2016—2018）》规定，力争用 3 年时间，使省级禁毒办专门从事毒品预防教育工作的在编人员不得少于本部门在编总人数的：（　　）

A.14%　　B.15%

C.16%　　D.20%

22. 我国《刑法》规定，走私、贩卖、运输、制造鸦片不满 200 克、海洛因或者甲基苯丙胺不满 10 克或者其他少量毒品的：（　　）

A. 处三年以下有期徒刑、拘役或者管制，并处罚金

B. 处五年以下有期徒刑、拘役或者管制，并处罚金

C. 处六年以下有期徒刑、拘役或者管制，并处罚金

C. 处八年以下有期徒刑、拘役或者管制，并处罚金

23. 以下不是构成容留他人吸毒罪的条件的是：（　　）

A. 容留他人吸食、注射毒品两次以上的

B. 一次容留三人以上吸食、注射毒品的

C. 因容留他人吸食、注射毒品被行政处罚，又容留他人吸食、注射毒品的

D. 容留未成年人吸食、注射毒品的

E. 以牟利为目的容留他人吸食、注射毒品的

24. 我国《刑法》规定，非法种植罂粟数量达到多少株以上，就构成犯罪：（　　）

A.300　　B.400

C.500　　D.600

25. 我国《刑法》规定，有期徒刑的缓刑考验期限为原判刑期以上几年以下：（　　）

A.3 年　　B.5 年

C.6 年　　D.8 年

26. 根据我国《刑法》规定，走私、贩卖、运输、制造海洛因或者甲基苯丙胺（冰毒）10 克以上：（　　）

A. 判处三年以上有期徒刑　　B. 判处四年以上有期徒刑

C. 判处五年以上有期徒刑　　D. 判处七年以上有期徒刑

27. 2017 年 2 月，我国完成如下 4 种芬太尼类物质列管的法律程序：（　　）

A. 卡芬太尼、呋喃芬太尼、丙烯酰芬太尼、戊酰芬太尼

B. 卡芬太尼、盐酸阿芬太尼、呋喃芬太尼、丙烯酰芬太尼

C. 卡芬太尼、呋喃芬太尼、枸橼酸芬太尼、戊酰芬太尼

D. 瑞芬太尼、卡芬太尼、呋喃芬太尼、丙烯酰芬太尼

28. 在我国，芬太尼的定罪量刑标准是海洛因、甲基苯丙胺的：（　　）

A.2 倍　　B.2.5 倍

C.3 倍　　D.3.5 倍

29. 根据我国法律法规，走私、贩卖、运输、制造、非法持有氯胺酮 100 克以上不满 500 克的：（　　）

A. 处三年以上有期徒刑，并处罚金

B. 处五年以上有期徒刑，并处罚金

C. 处七年以上有期徒刑，并处罚金

D. 处八年以上有期徒刑，并处罚金

30. 根据我国相关法律法规，毒驾交通肇事后逃逸或者有其他特别恶劣情节的，处三年以上七年以下有期徒刑；若因逃逸致人死亡的：（　　）

A. 处五年以上有期徒刑　　B. 处七年以上有期徒刑
C. 处八年以上有期徒刑　　D. 处十年以上有期徒刑

31. 下列哪条不是吸毒成瘾严重的认定标准：（　　）
A. 有戒断症状或者有证据证明吸毒史，包括曾经因使用毒品被公安机关查处、曾经进行自愿戒毒、人体毛发样品检测出毒品成分等情形
B. 经被责令社区戒毒、强制隔离戒毒（含《禁毒法》实施以前被强制戒毒或者劳教戒毒）、社区康复或者参加过戒毒药物维持治疗，再次吸食、注射毒品的
C. 有证据证明其采取注射方式使用毒品或者至少 3 次使用累计涉及两类以上毒品的
D. 有证据证明其使用毒品后伴有聚众淫乱、自伤自残或者暴力侵犯他人人身、财产安全或者妨害公共安全等行为的

32. 美沙酮替代治疗主要适用于：（　　）
A. 冰毒　　B. 可卡因
C. 大麻　　D. 海洛因

33. 海洛因成瘾的脱毒治疗还可使用：（　　）
A. 杜冷丁　　B. 丁丙诺啡
C. 吗啡　　D. 安非他酮

34. 强制隔离戒毒不适用于：（　　）
A. 拒绝接受社区戒毒的
B. 在社区戒毒期间吸食、注射毒品的
C. 公安机关根据其成瘾症状直接适用强制隔离戒毒措施的，即吸毒成瘾严重，通过社区戒毒难以戒除毒瘾的人员
D. 吸毒成瘾严重的未成年人

35. 下列属于新型毒品的是：(　　)

A. 大麻　　B. 海洛因

C.K 粉　　D. 北美仙人球

36. 麦司卡林属于哪种毒品：(　　)

A. 麻醉类　　B. 兴奋类

C. 致幻类　　D. 抑郁类

37. 麦司卡林的原生提取植物是：(　　)

A. 罂粟　　B. 古柯

C. 大麻　　D. 北美仙人球

38. 服用下列哪种毒品后表现为：活动过度，情感冲动，性欲亢进，嗜舞，偏执，妄想，自我约束力下降以及出现幻觉和暴力倾向等：(　　)

A. 氯胺酮（K 粉）　　B. 海洛因

C. 摇头丸　　D. 曲马多

39. 造成情绪暴躁而引发针对他人的肢体暴力（例如啃脸、咬耳）行为的僵尸浴盐，其主要的化学成分是哪类物质：(　　)

A. 麻黄素　　B. 安非他命

C. 卡西酮　　D. 仙人球碱

40. 古柯原植物经过提纯以后得到的毒品是：(　　)

A. 迷幻蘑菇　　B. 海洛因

C. 冰毒　　D. 可卡因

二、多选题

1. 新精神活性物质又称：(　　)

A. 策划药　　B. 实验室毒品

C. NPS　　D. 第三代毒品

2. 新精神活性物质包含如下哪些类别：(　　)

A. 合成大麻素类　　B. 卡西酮类
C. 植物类　　D. 苯乙胺类
E. 哌嗪类　　F. 苯丙胺类

3. 合成大麻属于：(　　)

A. 第一代毒品　　B. 第二代毒品
C. 第三代毒品　　D. 新精神活性物质

4. "银三角"主要包括下列哪些国家：(　　)

A. 拉脱维亚　　B. 智利
C. 玻利维亚　　D. 古巴
E. 哥伦比亚　　F. 秘鲁

5. 在中国下列哪一种物品是毒品：(　　)

A. 香烟　　B. 茶叶
C. 大麻　　D. 恰特草

6. 迷幻蘑菇的主要成分是：(　　)

A. 赛洛西宾　　B. 裸盖菇素
C. 古柯碱　　D. 芬太尼

7. 大麻类毒品主要的化学成分包括：(　　)

A. 大麻烟　　B. 大麻脂
C. 大麻油　　D. 罂粟碱
F. 吗啡

8. 下列哪些药物有可能导致成瘾：(　　)

A. 杜冷丁　　B. 复方甘草片
C. 苯巴比妥　　D. 地西泮
E. 氯硝西泮　　F. 氯氮平

9. 毒品对吸毒者的身心主要有哪些危害：(　　)

A. 对身体的毒害　　B. 戒毒反应

C. 精神障碍　　D. 成瘾性

E. 易感染疾病

10. 吸毒致幻包括如下种类：(　　)

A. 听幻觉　　B. 视幻觉

C. 味幻觉　　D. 嗅幻觉

E. 触幻觉　　F. 内脏性幻觉

11. 毒贩一般会用什么暗语代指冰毒：(　　)

A. 肉　　B. 猪肉

C. 奶茶　　D. 牙签

12. “泡泡”在吸毒者嘴里一般代指：(　　)

A. 吸食冰毒　　B. 吸食海洛因

C. 吸食可卡因　　D. 吸食摇头丸

13. “打呼噜”在吸毒者嘴里一般代指：(　　)

A. 吸食海洛因　　B. 吸食 K 粉

C. 吸食冰毒　　D. 吸食摇头丸

14. 下列哪些食物、饮品中容易被人“下药”(偷偷放入毒品)：(　　)

A. 奶茶　　B. 咖啡

C. 糖片　　D. 罐装饮料

15. “聪明药”“学习药”中，一般含有管制类精神药品：(　　)

A. 阿德拉　　B. 莫达非尼

C. 利他林　　D. 地塞米松

16. 你可以从哪些方面辨别对方是否吸食了新型毒品：（ ）

A. 未患感冒或过敏症，但是经常流鼻涕或流鼻血

B. 嘴的周围长口疮或丘疹

C. 手臂、大腿内侧、腋下等身体部位有针孔

D. 手指或嘴唇有烧灼的痕迹

17. 把不明物质置于锡纸、器皿中，用打火机点燃，由下面加热使毒品产生烟雾，然后用嘴与鼻子吸入烟气。这可能是在吸食：（ ）

A. 海洛因 B. 部分冰毒

C. 可卡因 D. 大麻

18. 将不明物质弄成粉末，然后鼻孔用力吸入，或堵住一个鼻孔，用另一个鼻孔猛吸。这可能是在吸食：（ ）

A. 可卡因 B.K 粉

C. 海洛因 D. 鸦片

19. 将毒品捻成粉末放入杯或瓶中，加水溶解。用注射器抽取毒品溶解液，从静脉注入。这可能是在吸食：（ ）

A. 海洛因 B. 可卡因

C. 吗啡 D. 杜冷丁

E. 镇静剂

20. 苯丙胺类兴奋剂上瘾者可采用的治疗方法是：（ ）

A. 氟哌啶醇药物治疗 B. 安定药物治疗

C. 心理治疗 D. 纳曲酮药物治疗

判断题：

1. 新型毒品均为兴奋中枢或致幻类。

A. 对 B. 错

2. 鸦片、合成大麻、海洛因、可卡因是传统毒品。

A. 对　　B. 错

3. 麻古对中枢神经的损伤是可逆的。

A. 对　　B. 错

4. 奶油气弹实际上也是笑气。

A. 对　　B. 错

5. 吸食新型合成毒品后，只要自己注意，不可能染上性病或艾滋病。

A. 对　　B. 错

6. 吸食合成毒品的成瘾者在戒断过程中不会出现幻觉。

A. 对　　B. 错

7. 吸毒致幻不会出现嗅幻觉。

A. 对　　B. 错

8. 吸毒者的多药滥用通常以海洛因为主，再加上兴奋剂、镇静剂、大麻等。

A. 对　　B. 错

9. 要坚决不接触毒品，不交毒友，就不会沾染毒品。

A. 对　　B. 错

10. 吸毒行为可以通过采集当事人毛发检测出来。

A. 对　　B. 错

11. 靠吸毒来减肥，吸毒导致人体消瘦，只是吸毒对人体消化系统抑制所致。

A. 对　　B. 错

12. 请你的亲朋好友为你打开饮料，一定不会存在偷偷放入毒品的情况。

A. 对　　　　B. 错

13. 为他人有偿带货，被发现货品中藏有毒品，一般是违法行为，可能接受行政处罚。

A. 对　　　　B. 错

14. 在中国，利他林属于第一类精神药品，强制管制。

A. 对　　　　B. 错

15. 冰毒是一种新型合成毒品，外观像味精，为透明结晶体，有特殊味道。

A. 对　　　　B. 错

16. 在不知情的情况下被动吸毒后，不应多做运动，以避免引起更多、更强烈的身体不适。

A. 对　　　　B. 错

17. 怀孕期间吸食毒品不会造成胎儿“染毒”。

A. 对　　　　B. 错

18. 吸毒者会被治安处理，不会对今后的工作、生活造成多大影响。

A. 对　　　　B. 错

19. 荷兰不限制贩卖和吸食大麻。

A. 对　　　　B. 错

20. 在荷兰吸毒，也属违法。

A. 对　　　　B. 错

21. 根据2016年4月公布的《最高人民法院关于审理毒品犯罪案件适用法律若干问题的解释》，走私、贩卖、运输、制造、非法持有大麻油5千克、大麻脂10千克、大麻叶及大麻烟150千克以上，即应当认定为刑法第三百四十七条和第三百四十八条规定的“其他毒品数量较大”。

A. 对　　B. 错

22. 如果外国人在中国违法犯罪，中国根据属地管辖原则，有权对其违法犯罪行为进行处罚；该外国人所属国的法律规定了有属人管辖原则的，我国无法对该外国人在中国的犯罪行为进行处罚。

A. 对　　B. 错

23. 李某的朋友张某、王某、陈某到李某家玩耍，期间张某、王某、陈某吸食毒品，李某没有吸食毒品，李某不需要承担法律责任。

A. 对　　B. 错

24.《中华人民共和国禁毒法》规定：容留他人吸食、注射毒品，构成犯罪的，依法追究刑事责任；尚不构成犯罪的，由公安机关处10日以上15日以下拘留，可以并处2000元以下罚款。

A. 对　　B. 错

25. 在我国，容留未成年人吸食、注射毒品的，还需要考虑容留人数、次数、后果，才构成容留他人吸毒罪。

A. 对　　B. 错

26. 未成年人容留他人吸毒不是犯罪。

A. 对　　B. 错

27. 已满14周岁不满16周岁的人对涉及“毒品”的犯罪，仅对“贩卖”毒品行为负刑事责任，对其他涉毒罪行不负刑事责任。

A. 对　　B. 错

28. 只贩卖 1 克毒品，不是犯罪。

A. 对　　B. 错

29. 贩毒罪在量刑时只计现场缴获的毒品数量。

A. 对　　B. 错

30. 孕妇涉毒犯罪有可能免除刑责。

A. 对　　B. 错

31. 根据我国相关规定，居间介绍毒品交易者在毒品交易中处于中间人地位，发挥介绍联络作用，通常与交易一方构成共同犯罪。

A. 对　　B. 错

32. 毒贩甲在被抓后检举乙运输甲基苯丙胺 40 余克，构成重大立功。

A. 对　　B. 错

33. 根据我国现行法律法规，对夫妻一方在从事赌博、吸毒等违法犯罪活动中所负债务，另一方仍需承担责任。

A. 对　　B. 错

34. 在我国，拒不供认毒品来源不可推定主观明知。

A. 对　　B. 错

35. 根据我国《机动车驾驶证申领和使用规定》，吸食、注射毒品、长期服用依赖性精神药品成瘾尚未戒除的，可申请机动车驾驶证，但须定期接受检测。

A. 对　　B. 错

36. 根据我国《治安管理处罚法》，3 年内有吸食、注射毒品行为或者解除强制隔离戒毒措施未满两年的，不得申请驾照。

A. 对　　B. 错

37. 不知情的情况下食用了毒品也是违法行为。

A. 对　　　　B. 错

38. 根据我国相关法律法规，向被举报单位或被举报人调查核实情况时，可出示举报材料原件或者复印件。

A. 对　　　　B. 错

39. 根据我国相关法律法规，对匿名举报的，如出于侦查工作需要，可鉴定笔迹。

A. 对　　　　B. 错

40. 强制隔离戒毒人员的戒毒相关费用由其本人承担。

A. 对　　　　B. 错

41. 新型合成毒品成瘾患者可以使用美沙酮维持治疗疗法。

A. 对　　　　B. 错

42. “摇头丸”的成分是苯丙胺类的衍生物，主要是亚甲基二氧甲基苯丙胺为主要成分的片剂，属中枢神经兴奋剂。

A. 正确　　　　B. 错误

43. “快克”是一种高纯度的海洛因，属于海洛因中的精制品。

A. 对　　　　B. 错

三、填空题：

1. 从毒品的来源看，可分为 ________、________ 和 ________ 三大类。
2. 公元 973 年北宋印行的《____________》中，鸦片定名为罂粟。
3. 派林则徐查禁鸦片的是清代的 ____________ 皇帝。
4. 从鸦片中分离出吗啡的是德国科学家 ____________。

5. 意外合成海洛因的是德国化学家 ____________。

6. 据联合国毒品与犯罪问题办公室报告，全球已检测发现新精神活性物质有 _____ 大类 ______ 余种。

7. NPS 主要有 _______、_______、_______、_______、_______、_________、_______ 七个类别。

8. 可卡因的原植物是 __________。

9. 摇头丸是安非他明类衍生物，是 ______________ 的片剂。

10. 鸦片中所含的主要生物碱是 ___________。

11. 笑气的主要成分是 _________________。

12. 相关科研成果表明，酒后驾车人的反应能力比正常人滞后 12%，吸食毒品后驾驶则滞后 __%。

13. 2015 年，国家食品药品监督管理总局、公安部、国家卫生计生委曾联合发布公告，将含 ________ 复方口服液体制剂（包括口服溶液剂、糖浆剂）列入第二类精神药品管理。

14. 美国迈阿密啃脸事件中，肇事男子吸食的毒品是 __________。

15. 国内最大的禁毒类微信公众平台的微信号是 ________。

16. 每年的 ____ 月一般为全民禁毒宣传月。

17. 我国全国性禁毒社会组织的全称是 ______________。

18. 草果、白豆蔻和罂粟壳的主要区别是罂粟壳头顶有 ________________。

19. 我国《刑法》规定，非法种植罂粟、大麻等毒品原植物的数量达到 ______ 株以上的，就构成犯罪。

20.《中华人民共和国治安管理处罚法》第七十三条规定，教唆、引诱、欺骗他人吸食、注射毒品的，处 ___ 日以上 15 日以下拘留，并处 500 元以上 2000 元以下罚款。

21. 我国《刑法》规定，非法持有鸦片 ____ 克以上不满 _____ 克、海洛因或者甲基苯丙胺 ___ 克以上不满 _____ 克或者其他毒品数量较大的，处 3 年以下有期徒刑、拘役或者管制，并处罚金。

22. 吸毒检测的种类分为 __________、____________、______________。

23. 在我国，走私、贩卖、运输、制造甲基苯丙胺 ______ 克以上，就有可能被判死刑。

24. 2016 年 4 月 11 日起施行的《最高人民法院关于审理毒品犯罪案件适用法律若干问题的解释》规定，走私、贩卖、运输、制造、非法持有氯胺酮 ______ 克以上不满 _____ 克，应当认定为刑法第三百四十七条第三款、第三百四十八条规定的“其他毒品数量较大”，处 7 年以上有期徒刑，并处罚金。

注：思考题答案请在本书、中国禁毒微信、中国禁毒网、中国禁毒数字展览馆上寻找。

禁毒教育高校公益联盟简介

为探索新时期禁毒工作新理念和新方法，“禁毒教育高校公益联盟”（简称：联盟）根据北京市禁毒教育基地管理中心的五年规划提出的毒品预防教育“内容信息化、手段多样化、渠道立体化、受众分级化、方式渗透化、合作社会化”的理念而产生。是在国家禁毒委员会办公室指导下，在共青团北京市委员会的领导下，2013年由中国禁毒基金会、中国药物滥用防治协会、北京市禁毒委员会办公室、北京市禁毒教育基地管理中心等单位联合发起，由全国范围内有影响力的在京高校自愿聚合在一起的公益性质联合体。

目前，联盟成员包括北京大学、中央戏剧学院、中国传媒大学、北京电影学院、北京师范大学、中国人民公安大学、中国政法大学、中国矿业大学、北京第二外国语学院、北京青年政治学院10所高校及中国药物依赖性研究所和北京教育科学研究院2家科研院所。该联盟通过与高校建立项目合作，共同策划禁毒主题，将禁毒教育融入教师课堂教学和学生专业课程中；通过联合创作生产禁毒文化作品、课件以及毒品预防教育理论研究等方式，把禁毒预防教育与大学生社会实践有机结合。同时，利用重点高校的影响力，结合线上线下两个平台形成互联网＋的传播形式，把主题活动和公益文化产品推向社会，扩大禁毒文化和毒品预防教育的辐射范围与传播深度。4年来，已相继实施了禁毒戏剧推广计划、禁毒“微艺术”创作推广计划、毒品防治分级防控计划、成瘾者心理干预及帮扶计划、新媒体平台传播计划，配合国家禁毒办、中国禁毒基金会完成中国禁毒数字展览馆等国家级项目。截止2016年共产出影视、动画、戏剧、歌曲、课件、调研报告、出版书籍共计120余部，直接参与人员超过4500人。同时将作品通过网络平台传播，观看人数超过6000万人次。连续3年与北京市互联网信息办公室、首都互联网协会、北京地区网站联合辟谣平台、百度等单位联合发布2005-2014年10年间毒品问题搜索分析数据报告——“毒品十大热搜问题”，2016“戒毒与康复十大热搜问题”，2017“毒品易感人群搜索大数据分析报告”，并组织联盟20余位专家为网友答疑解惑，受益网民达5400万人，收到了良好的社会效果。中央电视台等100余家媒体关注并报道，该联盟2015年被团中央、民政部等单位评为“全国第二届青年志愿服务项目大赛金奖”，受到了国家禁毒办的高度肯定。

中国禁毒微信简介（中国禁毒微信号：onncc626）

中国禁毒微信，是国家禁毒委员会办公室官方微信公众平台。定位于发布权威禁毒资讯，普及毒品预防知识，提供禁毒专业服务。中国禁毒微信为目前国内最大、最有影响力的政务、公益类微信号。

中国禁毒网简介（www.nncc626.com）

中国禁毒网，是由国家禁毒委员会办公室、中国禁毒基金会和新华网共同承建运行的国内权威的禁毒门户网站，2014 年 6 月 26 日在京正式开通上线，集权威禁毒信息发布、禁毒新闻宣传、毒品预防、政务公开、线上互动、爱心捐赠等功能于一体。

网站特色：中国禁毒网集权威禁毒信息发布、禁毒新闻宣传、毒品预防、政务公开、线上互动、爱心捐赠等功能于一体，是宣传禁毒工作、传播禁毒知识、发动社会公众参与禁毒的重要平台。中国禁毒网现包括政务、新闻、毒情、互动、公益等 5 大版块 30 多个栏目，将依托新华网采编、技术优势资源，建立面向全国各地的信息员队伍，及时发布国内外毒情动态、禁毒要闻，通过文字、图片、视频、微博、微信等多种手段立体式展现禁毒一线的新闻资讯。此外，中国禁毒网还将邀请专家学者，在线与网友互动答疑，为广大网友提供科学、可靠的防毒常识。

中国禁毒展览馆简介（www.626ching.org）

中国禁毒展览馆（中国禁毒数字展览馆），是由国家禁毒委员会办公室与中国禁毒基金会主办，北京市禁毒委员会办公室协办，全国30余个省市禁毒办参与、北京市禁毒教育基地设计制作并负责运行，具备独立域名的交互式多媒体、多功能大型网上数字展览。

展览内容丰富，除囊括有关毒品知识、危害、防范、戒毒全部内容之外，还包含国家禁毒政策、法律法规、禁毒历史、中外毒情、大事记、国际公约等内容。此外，展览还部分展示全国各地的禁毒工作，禁毒英模烈士及禁毒志愿、公益活动等。

展览目前设有一个大厅，10个展厅，若干个专区，一个场景。参观浏览者可以根据自己的兴趣或需要，方便快捷地找到自己需要的内容。

展览采用多种表现手段，既有平面文字、图片，更有多媒体视频短片、动画，还有互动游戏、在线答题等参与式内容。既可以在这里欣赏与禁毒相关的影视作品、音乐剧,还可以观赏美术作品、文学作品。

信息量大、实时更新、不受地域、条件限制是展览的最大特点。作为传统实体教育展览的补充，禁毒教育（数字）展既可以通过网上参观浏览，也可以制作成光盘或通过手机APP等其他方式传播，可以说只要有一台电脑或手机，所有与禁毒相关的知识、法律、新闻大事、中外毒情等就可以一览无余。

中国禁毒展览馆简介　www.626ching.org

特别感谢单位：

中国禁毒基金会、中国药物滥用防治协会、北京市禁毒委员会办公室、北京市互联网信息办公室、共青团北京市委员会、北京市禁毒教育基地管理中心、首都互联网协会、北京地区网站联合辟谣平台、禁毒教育高校公益联盟各成员单位、百度等单位。

特别感谢专家：

中国毒品滥用防治专家委员会主任委员、北京大学第六医院院长陆林教授；

中国毒品滥用防治专家委员会副主任委员、北京大学中国药物依赖性研究所常务副所长时杰研究员；

联合国国际麻醉品管制局第一副主席、中国药物滥用防治协会会长郝伟教授；

中国毒品滥用防治专家委员会委员、北京大学中国药物依赖性研究所副所长刘志民研究员；

中国毒品滥用防治专家委员会委员、中国人民公安大学禁毒教研室主任李文君；

中国药物滥用防治协会专家、北京师范大学发展心理研究院博士生导师李庆安教授；

中国毒品滥用防治专家委员会委员、中国人民公安大学禁毒教研室张黎副教授；

中国毒品滥用防治专家委员会委员、中国药物滥用防治协会副会长、广州惠爱医院王达平主任医师；

中国药物滥用防治协会专家、中国人民公安大学禁毒教研室陈帅峰副教授；

中国药物滥用防治协会专家、中国人民公安大学禁毒教研室包涵副教授；

中国药物滥用防治协会专家，中国合成毒品防治专家委员会委员、北京安定医院盛利霞主任医师；

北京市公安局强制隔离戒毒所副所长朱志伟主任医师；

中国药物滥用防治协会成瘾互戒分会副会长、北京社会心理研究所心理专家张刃；

南方医科大学博士生导师赵静波教授。

（专家排名不分先后）

合作出版机构： 禁禁毒教育高校公益联盟

中国禁毒微信

中国禁毒网

中国禁毒展览馆（中国禁毒数字展览馆）

主要参考文献：

1. 国家禁毒委员会办公室．2015年中国毒品形势报告

2. 国家禁毒委员会办公室．2016年中国毒品形势报告

3. 国家禁毒委员会办公室．中国禁毒”微信（微信号：onncc626）

4. 国家禁毒委员会办公室．中国禁毒网（www. nncc626.com）

5. 国家禁毒委员会办公室．中国禁毒数字展览馆（www.626china.org）

6. 刘跃进．家庭禁毒手册．法律出版社，2015

7. 杨凤瑞．新型毒品防范手册．法律出版社，2005

8. 李文君，曲晓光．禁毒研究（第二卷）．中国人民公安大学出版社，2016

9. 李建新．禁毒与预防艾滋病生命教育读本．北京师范大学出版社，2011

10. 北京市互联网信息办公室，首都互联网协会，北京地区网站联合辟谣平台，禁毒教育高校公益联盟，百度等单位联合发布2005—2014年10年间毒品问题搜索分析数据报告——“毒品十大热搜问题”，2016“戒毒与康复十大热搜问题”，2017“毒品易感人群搜索大数据分析报告”

11. 全国禁毒科普教育展

12. 陈敏．毒言毒语微信（微信号：Chena2016）